JULES JANIN

CIRCÉ

La Sirène pour ta chanson,
Circé pour ton échanson...
Je te plains, pauvre garçon !

PARIS

ACHILLE FAURE, LIBRAIRE-ÉDITEUR

18, RUE DAUPHINE, 18

—

1867

CIRCÉ 514

Il a été tiré de ce livre **60** *exemplaires de luxe numérotés, savoir :*

3   N°s 1 à 3 sur peau vélin.

9   N°s 4 à 12 sur papier de Hollande.

16   N°s 13 à 28 sur beau papier chamois.

32   N°s 29 à 60 sur magnifique jésus vélin superfin d'Angoulême.

Paris. — Imprimerie L. Poupart-Davyl, rue du Bac, 30.

G. STAAL

JULES JANIN

CIRCÉ

La Sirène pour ta chanson,
Circé pour ton échanson...
Je te plains, pauvre garçon!

PARIS

ACHILLE FAURE, LIBRAIRE-ÉDITEUR

18, RUE DAUPHINE, 18

—

1867

CIRCÉ

I

L'un des grands bonheurs de la vie humaine, aussitôt qu'on a passé l'âge, hélas ! des meilleures passions, c'eſt de se hasarder le soir, par un temps pluvieux, dans l'antre horrible et charmant où se font les ventes de vieux livres, pour peu que la vente échappe au choix vulgaire, à l'amateur content de peu. Etroite eſt la salle, et sombre, à l'avenant. Quelques vieux libraires des deux sexes, assis à leur place accoutumée, attendent en grand silence un inſtant favorable ; une douzaine d'amateurs, moins patients, jettent un coup d'œil d'envie aux livres qui vont venir.

Un grand nombre de bouquiniſtes, les
Techner du quai Voltaire, et les Potier du
Pont-Neuf, attirés par le rebut qui leur con-
vient, et dont ils feront demain la gloire et
l'ornement des parapets de la Seine, entou-
rent la table aux enchères, et plus d'une
fois se font rappeler à l'ordre par l'aboyeur,
pendant que le commissaire-priseur, en cravate blanche de la veille, armé du marteau
d'ivoire, et profondément dédaigneux de ces
livres dont le titre apporte à peine à son
cerveau fêlé un vague souvenir, adjuge, im-
patient d'en finir, ces rares et précieux fragments dont la réunion a souvent demandé
toute une vie, un goût rare, une science profonde, et les plus cruelles privations. Mais
quoi! de ces sacrifices glorieux, les seuls bibliophiles ont gardé le charme et le secret!

Voilà pourtant ce qui s'appelle une grande
fête : arriver dans cette mêlée avec un peu de
crédit, un siége autour de la table, et pousser
d'une ardeur généreuse le prix des plus beaux
livres, l'un après l'autre, uniquement par jus-
tice et pour leur faire honneur, avec l'espérance assez lointaine qü'un de ces rares

échantillons de l'esprit humain traversera
légèrement le feu des enchères, et que vous
l'emporterez en grand triomphe... Il n'y a pas
de comédie ou de drame en plein théâtre, il
n'y a pas de comédienne ou de danseuse, ou
de bal masqué, rien au monde, en comptant
toutes les joies innocentes, qui se puisse com-
parer à cette fête-là.

J'étais donc, par un soir d'automne, un des
premiers arrivés à la salle Sylveſtre, et j'as-
siſtais, assez mélancolique, à la vente d'une
médiocre collection, quand soudain je fus ré-
veillé par l'annonce de certains livres en bloc,
que M. le commissaire-priseur, de sa main
grotesque, avait entassés au hasard. Ce commissaire était un nouveau venu du Capharnaüm des ventes, et naturellement il ne savait
pas le prix des livres, disons mieux, il les
méprisait encore plus profondément que ses
prédécesseurs. Ajoutez que c'était un jeune
homme à marier, et que, le soir même, on lui
devait montrer, dans une maison tierce, une
douzaine de demoiselles *riches*, dont tout le
rêve était d'appartenir à quelque avoué, no-
taire ou commissaire-priseur, ou à tout autre

officier miniftériel ayant encore sa charge à
payer. Voilà pourquoi M. le commissaire-
priseur faisait en toute hâte un petit tas de
toutes sortes de livres, qui certes auraient
mérité, pour la plupart, l'honneur du catalogue et de la vente en détail.

Or, dans toutes ces épaves de la librairie
ancienne et moderne, s'étaient glissés, par mé-
garde, plusieurs tomes respectables de Claude
Barbin, de Henri Eftienne et des grands
imprimeurs d'Italie ou d'Amfterdam, dont la
rencontre eft si rare, et qui deviennent pour
les bibliophiles le sujet des hiftoires les plus
intéressantes. Il y avait, entre autres, l'édi-
tion originale du *Don Juan* de Molière et du
Venceslas de Rotrou ; la *Lettre* à M. le car-
dinal de Beaumont, et même le mandement
de Mgr l'archevêque de Paris. Tout cela,
certes, taché, maculé, racorni, sous la double
action de la pluie et du soleil, mais nous n'y
regardons pas de si près, nous autres ; nous
savons comme on répare et comme on sauve
une épave. Quelle heureuse conquête à faire
sur le néant !

J'avais guigné du coin de l'œil cette masse,

et j'affectais la plus grande indifférence, quand
M. le *priseur* nous demanda si quelqu'un de
nous en voulait pour un petit écu. Mais au
frémissement de l'assemblée, à certains regards sans courtoisie, au mépris universel
pour ce crâne épais, j'eus compris bien vite
que la feinte était une insulte, et démasquant
mes batteries avec une hardiesse qui m'a
quelquefois réussi :

— A quarante francs !... m'écriai-je

— A cinquante !...

— A cent francs !...

Le commissaire, ébahi, avait peine à nous
suivre, et balbutiait nos offres... On eût dit
qu'il en était offensé... Cent francs, ce qu'il
estimait un écu !

Nous arrivâmes ainsi jusqu'aux environs
solennels de cent quarante francs, et déjà je
me félicitais *in petto* de n'avoir pas rencontré
d'opposition sérieuse ; à cent quarante francs !
la masse était à moi, je la couvais du regard,
j'y portais déjà mes mains triomphantes...
Mais, ô misère ! à l'instant même où le priseur allait dire : *Adjugé !* un nouveau venu
surgit dans l'arène. Il était assis près de moi,

très-calme en apparence, et jusqu'alors il n'a-
vait pas donné signe de vie.

— A cent cinquante francs! dit-il, au grand
désespoir du commissaire, qui pensa que,
grâce à ces maudits *bouquins*, son mariage
et le prix de sa charge étaient à vau-l'eau.
Pour le coup, je regardai mon rival, mais
j'en conviens, avec peu de bienveillance. Il
était pâle et fatigué par les veilles, vêtu
simplement, et plus semblable à un échappé
du séminaire qu'à un fils de Voltaire. Il avait
posé sur la table un sac en velours noir dont
j'aurais dû me méfier tout d'abord; ce sac
annonçait un amateur d'élite et qui payera
comptant toutes ses acquisitions.

— A cent cinquante francs! répétait le priseur.

En ce moment, l'assiſtance entière était attentive, et la vente recommença, moi seul tenant tête à l'inconnu, beaucoup par envie, un
peu par vengeance et par orgueil. Au prix
qu'ils allaient bientôt dépasser ces livres étaient
beaucoup trop chers, non pas certes pour leur
propre mérite, mais pour ma condition présente. Un meilleur homme et plus simple que

moi se fût rendu compte à l'inftant de son
injuftice, et qu'il y avait méchanceté à dépasser
toutes les bornes de ses économies, uniquement pour le plaisir de chagriner un sincère
acheteur, épris d'une si belle passion.

J'eus compris bien vite, heureusement, toute
ma faute, et soudain, m'arrêtant, les livres
furent adjugés à mon voisin. Il amena jusqu'à
lui toute la masse, et pendant que la vente
suivait son cours, il fit son triage et son choix
dans tous ces fragments, sans un moment de
doute ou d'hésitation. Cet homme était un
vrai connaisseur, un vrai lettré; il savait la
suite exacte de nos anciennes poésies; il pos-
sédait tout son seizième siècle et les com-
mencements du quinzième, si fertiles en livres
rares et curieux; il savait la date et le format;
il connaissait les armoiries; il eût dit facilement, à certains signes, le nom du proprié-
taire ancien. Que j'eus donc regret de ma
mauvaise pensée, et que je fus honteux d'avoir
surenchéri, par méchanceté, contre un de nos
maîtres! Bientôt, son choix étant fait et ses
livres enfouis dans son sac, il se leva de sa
place, en laissant à qui les voulait prendre

une vingtaine de brochures sans nom ; puis, se tournant vers moi, avec un accent étranger :

— Nous avons, dit-il, en Espagne, une coutume qui conviendrait assez à messieurs les fol-enchérisseurs. Quiconque eft arrivé l'avant-dernier à l'adjudication a droit à des réaux de consolation. Acceptez, s'il vous plaît, monsieur, la consolation que voici.

En même temps, il m'offrait un carnet sur lequel une âme en peine de l'idéal avait écrit, tantôt jour par jour, tantôt à des intervalles irréguliers, les triftesses, les émotions, les espérances de toute une vie. Il y avait un peu de tout dans cet *Album amicorum ;* la joie et les larmes ! tant d'espérances ! tant de cruelles déceptions ! On reconnaissait, à chaque ligne, une femme, une artifte, une *beauté* célèbre un inftant, vite oubliée ! Hélas ! le héros de ces confidences d'outre-tombe était un jeune homme, un poëte, un vrai poëte, ou, pour mieux dire, un amoureux, mort à la peine de ses amours. Une immense confusion se faisait sentir dans ces lignes éloquentes. Partout le myftère et le nuage ! une foule de

rêves, de relations, de notes *brusquement in-
terrompues par le brouillard*, comme autrefois le télégraphe. Et plus s'avançait ce terrible *agenda*, plus la triſtesse était profonde!

O malheureux poëte! Il avait, me disait la
femme ici présente et cachée, écrit une tragédie admirable! Une analyse, faite avec
beaucoup d'art et de passion, donnait une
idée approchante de cette composition, qui
n'avait laissé que ces faibles traces. Les sou-
venirs consignés dans ce livret étaient ſaits
pour soulever la curiosité des lettrés et des
oiſiſs tels que moi. Pas un de ces fragments
précieux qui n'indiquât un chef-d'œuvre. Rien
qu'au récit de la première scène, on voyait
que le leƈteur serait payé de sa peine. A ce
point je fus occupé de ces préliminaires, que
le bibliophile étranger avait disparu avant
qu'il n'eût reçu mes aƈtions de grâces. Pas
un ne le connaissait dans l'assemblée; il y
venait pour la première et sans doute aussi,
pour la dernière fois.

II

Rentré dans mon logis, tout rempli de la douce senteur du vieux maroquin, mon premier soin fut de lire, avec un intérêt toujours croissant, ces pages, confidentes d'un esprit malade, et remplies çà et là des inspirations, de la fantaisie et des excès de la littérature nouvelle, à l'heure où la révolution de 1830 affranchissait tous ces conquérants *du sien* (c'eſt le nom que se donnait le roi Henri), qui devaient produire à la fois tant de chefs-d'œuvre et tant d'avortements. Il y avait, dans ce récit très-diffus, un enfant perdu, fils de la pauvreté, qui vivait, solitaire et caché, de son travail de chaque jour.

Il était poëte à son insu, et chacun, dans
sa petite ville, encourageait de son mieux,
les élégies de ce jeune homme. Alors le voilà
qui raconte aux étoiles, à la nue errante,
une suite de passions, de délires, de fantai-
sies, trop heureux, cet abandonné, s'il n'eût
rencontré en ses sentiers la *Circé*, le fantôme
oisif et sans cœur. *Circé-l'abîme* a fait, pendant huit jours, son jouet de ce jeune homme;
elle lui a permis de lui donner sa vie et son
âme, et quand elle le voit bien amoureux, bien
malheureux, elle le chasse, haut la main, de
sa présence. Et maintenant, infortuné, il faut
mourir. Tel était ce drame. Il était nouveau
en 1830; il était devenu vulgaire au bout de
dix ans, tant les inventeurs l'avaient fait et
refait à leur usage. Enfin, que vous dirai-je? Il
y avait dans ces pages, mêlée à un vrai génie,
une inexpérience enfantine; on eût dit Victor
Hugo collaborant avec un écolier de qua-
trième : éclairs, nuages, lamentations, rêve
enchanté, pêle-mêle, écho, fantaisie, essai d'un
esprit tout rempli de nuage.

Après un grand succès de quelques heures,
ce monceau de pitié, de terreurs si j'en

croyais *le Carnet* de la dame inconnue, avait
disparu dans l'oubli. En vain elle l'avait cherché partout et demandé au néant... la tragédie était perdue, ou si bien cachée, que le
hasard seul la pouvait découvrir. Un mor-
ceau de ce poëme, enseveli avec le jeune
amoureux qui s'adressait aux rires de sa
cruelle ennemie, c'était la dédicace ! Elle était
reproduite *in extenso* dans les pages que
j'avais sous les yeux. — Elle était écrite en
traits de feu, avec des sanglots et des larmes...
Hélas ! le malheureux, que cette femme était
cruelle !

Il lui disait en si beaux vers : « Ceci eft ma
dernière heure ; hélas ! regardez-moi bien,
Circé de ma vie, en ce moment suprême, et
voyez si je saurai mourir. Vous m'avez perdu.
J'en aimais une autre et ne voulais pas vous
aimer. J'ai manqué de juftice et vous avez
manqué de bonté ; mais j'aurai sur vous l'a-
vantage de vous avoir amusée un inftant par
ma mort. » Voilà comme il parlait. J'avais
donc sous les yeux une atteftation authen-
tique de la vérité de ce drame ; il m'était
impossible de ne pas m'en inquiéter.

D'abord, je voulus savoir quelle était la provenance de ce manuscrit, et j'appris, non sans peine, qu'il avait été ramassé, avec les autres volumes vendus en bloc, dans un grenier qu'avait habité une comédienne ambulante, une certaine Stéphanie, une malheureuse atteinte de consomption. La mort l'avait prise; on avait vendu son grabat et les comédies dans lesquelles elle apprenait ses rôles. D'où elle venait? Pas un ne savait le dire. Heureusement que ce nom de Stéphanie eſt peu usité parmi messieurs les comédiens, et qu'un vieux Bartholo de province, à qui je confiais ma peine, un jour de la semaine oisive, dans le jardin du Palais-Royal, où le bonhomme attendait quelque directeur de théâtre qui le voulût engager au *pair*, c'eſt-à-dire pour la nourriture et pour l'habit, tout ce que saint Paul promet à ses disciples :

— Stéphanie!... attendez donc, reprit le vieux comédien, je l'ai connue; elle ne manquait pas de talent, mais c'était si pauvre et si triſte! et pas de voix! ça mangeait si peu! Nous avons parcouru la province ensemble, et la dernière fois que nous avons joué le *Bar-*

bier de Séville, c'était en 1831, il y a vingt ans, dans la ville de ***. Là elle disparut, et je ne la revis plus.

Cette histoire assez vulgaire d'une infortunée en proie à l'art dramatique, et mourant dans un taudis, seule, abandonnée et priant Dieu, n'avait guère, au premier abord, de quoi intéresser un collectionneur de tragédies, de comédies et de mélodrames. L'esprit humain s'use assez vite à contempler cette action sans cesse et sans fin renaissante, qui représente, en fin de compte, une œuvre monotone. Ici, là-bas, partout, ce sont toujours la même histoire et les mêmes amours. Passions, traverses, douleurs, contentements. Tantôt les deux amants se marient à la fin de l'œuvre, et voilà la comédie, ou bien ils meurent désespérés, voilà la tragédie!... Il n'y a rien au-dessous.

Après mes premières informations, je résolus d'oublier le présent manuscrit et mademoiselle Stéphanie... Hélas! j'y revenais toujours! C'est le propre et le caractère du vrai talent de s'imposer même aux esprits les plus rebelles. En vain, vous voulez échapper à ce poëme : il vous obsède, et, malgré vous, vous le savez par cœur. Cet air de chauvin qui vous importune, inévitablement vous le fredonnez à vos moments de loisir.

Ce tableau violent sur lequel Eugène Delacroix a laissé sa rude empreinte ; ces morts et ces mourants dans une bataille à l'infini, vous ne voulez plus les voir. — Loin d'ici, loin de moi, dites-vous, ces doux enfants qui cherchent encore de leur lèvre ingénue et charmante la mamelle de leur mère expirée!... Au bout de six mois d'oubli, un graveur maladroit va jeter sur une planche impitoyable cette bataille de Missolonghi. Bonté divine ! malgré vous, vous achetez la gravure, vous y mettez un cadre, et vous la placez dans votre chambre à coucher ; si bien que chaque matin, à votre réveil, au premier rayon du soleil levant, la tête encore pleine de songes et les yeux pleins de sommeil, voici à ton chevet le meurtre et le sang, la ruine et la mort, les larmes, les cris, les enfants, tout un peuple au désespoir.

C'eſt le génie! Il commande, obéissons! Vous avez beau faire et beau dire, et résiſter

à l'éloquence : elle vous persuade ; à la beauté
(la plus grande de tous les beaux-arts), elle
vous attire à sa suite. Oh ! mes amis, ne
parlons plus de la Pologne, elle eſt morte !
On l'a tuée ! elle eſt un débris, n'y pensons
plus ! C'eſt bientôt dit ; mais, sitôt qu'on en
parle, allons, nous sommes attentifs, nos
yeux sont pleins de larmes, notre âme eſt
pleine de pitié. Prenez parmi nous le plus
vaillant, le plus jeune et le plus amoureux ;
qu'il soit comblé de tous les bonheurs de la
vie humaine, et se promène au milieu des
fraîches campagnes couvertes des fleurs du
mois de mai ; soudain, s'il rencontre en son
chemin la porte auſtère du cimetière, avec
ces mots pleins de terreur : — *Mon tour
eſt venu ce matin, le tien viendra demain,
peut-être !* — ici s'arrête, au pied levé, mon
amoureux de vingt ans, attendu sous les
saules par Galathée ; il s'arrête, il hésite,
il se consulte ; il entre enfin dans le triſte
enclos des morts... Il n'y connaît personne ;
aucun intérêt ne l'attire, et pas même la
curiosité, la mort accomplissant toujours
la même œuvre : un homme, une femme,

un vieillard, une jeune fille, un enfant; de
fraîches couronnes, des couronnes desséchées;
l'honneur sur les tombes les plus fraîches,
l'oubli sur les autres; la même élégie et la
même chanson.

— « Que viens-tu faire ici, jeune homme,
où tu n'as pas un seul parent, pas un ami,
pas un souvenir? Galathée attend là-bas sous
les saules. — Je veux voir ce qui se passe
ici, répond le jeune homme, et Galathée at-
tendra. »

Eh bien! cette irrésiftible curiosité de voir,
de savoir, de comprendre un myftère, et l'at-
trait.tout-puissant qui vous pousse à la belle
œuvre, au beau paysage, à l'horreur sublime,
à l'océan qui gronde, à l'incendie, ou tout
simplement, à la plainte ineffable d'un cœur
blessé, il n'en faut pas tant pour surexciter le
plus violent désir de savoir ce qui se passe
enfin dans le cimetière ou dans la caverne,
dans la chaumière ou dans le palais, dans
tout l'univers ou dans le coin de quelque
humble cité, dont le nom même eft effacé par
l'oubli, par la diftance et par le caprice. Aujourd'hui plus que jamais, en France, on ren

contrerait de ces villes perdues, en deçà du mouvement immense. Autrefois heureuses et florissantes, elles ont vu peu à peu disparaître le mouvement, le travail, l'association, la foule, et c'eft à peine si quelques vieillards ou quelques rentiers peu riches, des employés sans emploi, des enfants sans avenir, se chauffent encore aux rayons de ce pâle soleil qui semble éclipsé comme tout le refte. Le plus simple accident a suffi, plus d'une fois, pour faire un désert, d'une cité populeuse. Un fleuve obftrué par les sables, une route abandonnée pour un sentier plus court; un chemin de fer à l'extrémité de la province, et laissant de côté l'ancienne capitale; une induftrie oubliée, ou tuée par la concurrence, aussitôt la ville eft morte; l'herbe éternelle va croître au milieu de ces rues ou rien ne passe, et dans ces carrefours silencieux.

Ainsi était faite l'humble cité que le vieux comédien m'avait indiquée, et lorsqu'enfin, poussé par cet invincible attrait dont je vous parlais tout à l'heure, je me rendis malgré moi dans cette ville des fantômes, mon manuscrit à la main, j'eus quelque peine à re-

trouver les lieux perdus, et le nom du poëte
enfoui que j'étais venu chercher de si loin.

Pourtant ce jeune homme avait été, de son
vivant, la grâce et l'honneur, le charme et
l'intérêt, disons mieux, le palladium de ces
murailles croulantes sur ce tombeau renversé!

Tel eſt le prologue un peu long de l'humble
hiſtoire que je vais raconter. Ce livre est dédié
au rare et charmant esprit, l'honneur de sa
province, à M. de Laprade, un vrai poëte,
un modèle, un exemple, un enseignement.

III

Mon hiftoire appartient au siècle passé, c'eft-à-dire aux années d'avant 1830, quand le mot *révolution* semblait effacé du dictionnaire politique, à l'heure où tout semblait dormir dans une paix profonde. En ce temps-là, plus d'une cité se félicitait de son loisir, et se vantait volontiers de ne pas forger, de ne pas tisser, de ne pas travailler. Les lis de Salomon n'étaient ni plus candides ni plus oisifs. Notez bien que ces villes où tout dormait semblaient avoir été bâties par des géants, pour des géants : belles maisons en pierres de belle taille entourées de grilles de fer que l'on eût dit forgées par les cyclopes ; vaftes promenoirs tracés au temps des vaſtes paniers et des chaises à porteurs; une église immense, un tribunal où le parlement siégeait autrefois; une halle à nourrir cent mille citoyens.

La solitude habitait ces déserts; cependant ils avaient conservé, comme une épave après les grands orages, toutes les autorités de la province... disons mieux, du département : le préfet, le général, le receveur général, le directeur des contributions, la cour d'appel, l'évêché, autant d'obſtacles à la ruine imminente de cette ville abandonnée. Aussitôt que l'enfant, né par hasard, dans cette capitale de l'oiſiveté et du silence, était devenu un jeune homme, il quittait, pour n'y plus revenir, le toit de son père, et s'en allait, d'un pas joyeux, chercher tout au loin l'amour, le travail, l'espérance et la fortune. En ce temps-là déjà, qui se fût promené, même un dimanche, à travers les quatre ou cinq grandes artères de la ville oisive qui venaient aboutir au palais de la préfeſture, eût à peine rencontré un homme appelé hors de chez lui par les passions ou l'intérêt : le médecin par son malade et l'avocat par son client.

Tout sommeillait ; à peine, autour de la fontaine, une indolente causerie entre les servantes attendant que leur tour fût venu de remplir leur cruche au mince filet d'eau que laissaient tomber deux *lions* de leur gueule béante. — L'eau dormait ; les lions dormaient ; les boutiques de la grande place reftaient entr'ouvertes ; le premier venu pouvait entrer chez M. Bonnefoy le marchand de draps, M. Jolivet l'apothicaire, ou l'épicier M. Bienvenu ; tant la confiance était grande, et si rares étaient les acheteurs. On eût dit, au premier aspect, un rendez-vous des hommes de l'autre monde ; ils se tenaient, les moins malades, patients sur le seuil de leur porte, attendant un spectacle, un intérêt qui ne devait jamais venir. Les autres, par leur fenêtre ouverte, contemplaient les arbres et le ciel ; à peine on entendait chanter l'oiseau, japper le chien. La grande aventure était un gendarme à cheval porteur d'une ordonnance ; au café Français, le lieu le plus bruyant de la ville, une douzaine d'habitués lisaient *le journal*, et causaient à voix basse des affaires du village voisin.

Pour l'étranger qui passait par hasard, pas une curiosité, pas un coin de musée, et pas une de ces vieilles pierres que vous montrent les cicérones des curieux du passé. C'était pourtant, nous le répétons, la ville capitale d'un département plein d'activité, de mouvement, d'entreprises hardies, de rivalités, de marchands, d'ouvriers, de forgerons, de tout ce qui fait vivre, alimente et grandit l'industrie. Eh bien ! les autorités de la ville, enserrées dans ces blanches murailles, se demandaient chaque matin par quelles exigences des anciennes habitudes elles se trouvaient réunies en ce lieu, assez semblable aux villes mortes d'Herculanum ou de Pompéi.

Ce fut pourtant dans ce triste asile de tant d'autorités inutiles que vint au monde un enfant (notre héros) qui eût compté, sans nul doute, si les destins l'avaient permis, parmi les hommes illustres de sa patrie et de son siècle. A sa naissance, les Muses étaient accourues, agitant leurs couronnes au-dessus de ce frêle berceau ; jeune enfant, il parlait déjà une langue choisie et presque divine. Il entendait à son oreille enchantée une suite de

mélodies ineffables. Sa mère était si tendre,
et son père était si bon! A cinq ou six ans,
il était le plus joli du monde, et la ville,
oublieuse enfin de ses ennuis, s'enchantait
elle-même à l'aspect du chérubin dont elle
aimait le rire ingénu.

Il allait et venait d'un seuil à l'autre, apportant à ces endormis ses fraîches gaietés;
il savait les noms de ce vieux monde, et se
laissait embrasser volontiers par ces lèvres
inertes. Que vous dirai-je? il était l'innocence
et le dernier espoir de ces braves gens, l'u-
nique objet de leur causerie, et chaque matin
c'était, parmi ces habitants ressuscités, à qui
s'informerait de leur cher petit Benjamin!

Que de contentement, quand il était joyeux
et faisait rouler son cerceau sur la grande
place! Et si par malheur il avait la fièvre,
ah! quelle inquiétude et quelle agitation!
L'empereur Napoléon, revenant de l'île
d'Elbe, avait causé moins d'insomnies, parmi
ces bourgeois, qu'une chute du petit Benjamin. Voilà donc comme il grandit, au milieu
de ces tendresses qu'il avait réveillées.

Désormais, grâce à son fils adoptif, la ville

oisive eut une passion, une sujet de causeries, une activité. Benjamin, toujours Benjamin!

Le jour où son père et sa mère l'envoyèrent à l'école, la ville entière eut l'honneur de le voir passer, tenant son livre sous le bras, et portant à la main le panier de son goûter. Dieu sait de combien de friandises ce panier fut bourré par les bonnes ménagères! « Tiens, mon fils, prends ce fruit, prends ce gâteau... » A peine à l'école, il répandait sur ses jeunes camarades les trésors de sa corbeille. Ainsi les enfants l'aimèrent bientôt, non moins que les vieillards, comprenant confusément, les uns et les autres, l'activité de cette belle âme et la tendresse agissante de ce paisible cœur.

Son intelligence égalait déjà sa bonté. A dix ans, il avait l'inftinct du livre; à quinze ans, il en avait la passion. Le livre est un de ces amours insatiables que l'homme apporte en venant au monde. On l'aime, on l'admire; à son tour, il vous protége et vous défend. Rien qu'à voir un enfant tenir un livre, on peut prédire à l'avance la suite de ses travaux et de ses jours. Celui-ci méprise et dédaigne la chose imprimée, au contraire, celui-là l'en-

toure de respect et de tendresse. Le petit
Benjamin, si calme et si patient d'ordinaire,
était comme un furieux, si quelque impie ou
quelque maladroit touchait d'une main négligente à sa grammaire de Port-Royal, à son
Jardin des racines grecques, à son dictionnaire de Henri Eftienne. Il n'en savait pas
d'autres ; son vieux maître, un ancien bénédictin, dom Martinus, qui l'avait adopté avec
une tendresse toute paternelle, avait traité ce
jeune esprit d'une façon royale ; il lui avait
enseigné, dans les vieux *Traités* des anciens
inftituteurs de la jeunesse au grand siècle, les
meilleures façons d'étudier et d'apprendre.

Il s'éleva donc vite et bien ; chaque année,
à la diftribution des prix, sous les yeux de la
ville entière, il entassait couronne sur couronne. Dans ces jours de la grande fête,
c'était, parmi les mères de famille, un
empressement unanime à saluer ce jeune
exemple des enfants ftudieux. Les mères le
proposaient à leurs fils pour modèle, et les
citoyens moins lettrés battaient des mains
au brillant lauréat, disant : « C'eft notre
enfant, c'eft l'enfant de la cité ! »

Or, pendant dix ans, l'attente publique ne fut pas trompée. Une seule fois, pour le grand prix de rhétorique, à l'étonnement universel, au désespoir du vieux bénédictin, dont le jeune Benjamin était le juste orgueil, le premier nom qui fut proclamé fut le nom du jeune baron de Terre-Noire.

Il y avait dix ans que le jeune Terre-Noire, un grand nom de cette province, aspirait aux honneurs du concours et n'arrivait guère que le second. Mais cette fois, plein triomphe : il fut proclamé le premier, Benjamin fut nommé le troisième. Ah! quel contentement parmi les nobles! comme ils relevaient la tête en criant : « Victoire! » En même temps, quelle déception pour les bourgeois, voyant leur enfant vaincu, lorsqu'il touche à la dernière borne du stade! Ils en auraient volontiers versé des larmes. Seul, parmi les rhétoriciens qui partageaient la stupeur universelle, Benjamin applaudissait de toutes ses forces à la gloire naissante de son condisciple. On vit alors un spectacle inattendu, et dont le souvenir ira d'âge en âge. Au moment où le jeune baron de Terre-

Noire rentrait dans les rangs, tenant sa couronne à la main, il la posa sur le front de Benjamin en se jetant dans ses bras. Puis, d'une voix entrecoupée par les sanglots, il proclama que son ami Benjamin lui avait donné sa composition toute faite, en échange de son propre devoir. Si bien que la louange, au même inftant, passa du vainqueur au vaincu. Mais les honnêtes gens tinrent compte au jeune baron de ce moment de juftice et de vérité, beaucoup plus, même, qu'ils n'avaient fait du discours latin prononcé par Annibal pour arracher ses soldats aux délices de Capoue. Ainsi le jeune Benjamin acheva ses études : il avait à peine dix-sept ans.

Vous ne savez pas encore, et ceci eft la faute des mépris injuftes de notre langue pour les plus utiles professions, quel métier exerçait de ses mains infatigables l'heureux père du petit Benjamin : il était cordonnier (ma foi, voilà le grand mot lâché), mais avec cette nuance : il était cordonnier *pour dames*, et se glorifiait de ces chefs-d'œuvre exquis dont il avait la renommée, et, pour ainsi dire, le monopole. Il n'avait pas son pareil dans

toute la contrée, et les dames les plus élégantes venaient souvent de bien loin pour
avoir l'honneur d'être chaussées à l'enseigne
du *Soulier galant*. L'enseigne aurait pu
dire : les *deux Souliers galants*. On voyait,
en effet, exposés sous le même globe, un
soulier de bal en satin jauni par le temps,
un soulier de prunelle agencé et cousu d'une
exquise façon. De ce double chef-d'œuvre
il était aussi fier que les savetiers de Tours
lorsqu'ils carrelaient les bottes catalanes du
roi Louis XI, où les savetiers de Troyes,
qui se vantaient d'avoir raccommodé les
chausses de Charles le Chauve.

La première de ces deux galantes chaussures avait appartenu à madame Tallien ;
elle dansait dans les grands salons du Direc-
toire, ainsi chaussée, avec un tout jeune
homme appelé le général Bonaparte. Le
soulier de prunelle gardait encore la svelte
empreinte du pied charmant de madame
Récamier, lorsqu'elle promenait dans la
grande allée des Tuileries sa rare et triom-
phante beauté. Ces frêles monuments d'un
temps déjà si loin de nous représentaient

toute une histoire, et M. Benjamin le père
n'eût pas manqué d'acheteurs s'il eût voulu
raconter par quelle fortune il avait chaussé
la dame hardie et vaillante qui, d'un coup
d'éventail, avait renversé Robespierre, ouvert
les prisons pleines de victimes, et brisé les
échafauds sanglants.

L'instant d'après, quand madame Tallien
eut accompli son chef-d'œuvre, était venue,
active et charmante, madame Récamier, qui
relevait de sa belle main lyonnaise les débris
de cette société perdue, éperdue au milieu des
ruines du passé. Contemplez, s'il vous plaît,
ces deux chaussures : le pied de madame
Tallien échappe au satin brodé et l'effleure
à peine ; celui de madame Récamier se pose
hardiment sur la semelle brillante ; on voit
que la première a dansé, que la seconde a
marché. Pas un physiologiste, ici-bas, qui ne
dise au premier coup d'œil : « Voici la belle
amoureuse entourée à plaisir de toutes les
fêtes de la vie ; elle s'abandonne à la valse,
à la fête, oublieuse du temps qui s'en va...
ou bien : voici la coquette et l'ambitieuse,
austère à sa façon, vivant plus au dehors

qu'au dedans de sa maison, allant et venant
pour tout voir et tout entendre en ces temps
de résurrection sociale. »

Mais quoi! le père du jeune Benjamin ne
disait son secret à personne, et les flâneurs
qui s'arrêtaient à sa vitrine, éblouis par ce
simulacre de talon et de cou-de-pied, se demandaient si vraiment ces deux chaussures
de féerie avaient appartenu à quelque mortelle. Les plus savants se disaient tout bas :
« Le soulier blanc appartenait sans doute à
la reine de France ; et le soulier de prunelle
à la seconde duchesse de Choiseul. »

IV

Cette admiration d'une ville entière pour
le fils d'un humble artisan ne s'expliquerait
guère par la grâce et par la beauté de l'enfant,
voire par les premiers succès du jeune écolier : on n'eſt point populaire à si bon compte;
il y faut des conditions plus sérieuses. L'infant, certes, avait dignement conquis tous ses
grades dans les respeᴄts de son peuple. A
l'heure où les Prussiens étaient entrés dans
ces murs si paisibles, et chacun de ces habitants, amis de la paix, les regardant passer
en silence, et disons mieux, avec une certaine
allégeance, explicable après tant de guerres
et de misères, les pauvres mères tremblantes

encore pour le fruit de leurs entrailles... seul
l'*infant*, indigné de sa ville envahie, avait
fait entendre un sanglot si profond et si cruel,
que le général ennemi avait tourné la tête et
salué ce jeune citoyen de son épée.

Au même inftant, ces bourgeois indiffé-
rents à cette honte avaient senti comme un
remords, et s'étaient pris à pleurer. Plus
tard, ces larmes et ces sanglots tournèrent
à l'honneur de la cité tout entière, et le
général Foy, du haut de cette tribune éloquente où sa parole était écoutée avec tant
de respect, proclamait, avec toutes sortes
de louanges, la douleur de cette ville en
larmes... « Et c'eft ainsi, s'écriait-il, que
l'amour de la patrie, au plus fort de l'invasion, trouvait des accents dont l'ennemi lui-
même était touché. Honte aux spectateurs
de sang-froid qui assiftent sans pâlir au
triomphe insolent des armées coalisées! Honneur à ces larmes pieuses, qui proteftent
contre l'invasion!... » A ces discours du
général Foy, la ville entière toute glorieuse
et reconnaissante songeait que cette gloire lui
venait des larmes du petit Benjamin !

Elle se rappelait aussi qu'en ces jours misérables, où la famine et la pefte arrivaient, inévitables, à la suite de l'invasion, le typhus ravageait l'hôpital : Français et Prussiens, tout succombait. La mort, en ce lieu de désolation, accomplissait chaque jour son chef-d'œuvre : les larges fosses, profondément creusées, ne suffisaient pas à tant de de morts. Plus de courage, et, partant, plus d'espérance ! Il y avait alors, pour veiller sur toutes ces misères, un vieil et saint évêque appelé M. de Mauléon. L'évêque, au plus terrible inftant de cette horrible pefte, avait déclaré qu'il irait lui-même, en personne, visiter l'hôpital et porter la consolation suprême à ces malheureux abandonnés et voués à la mort.

A la seule annonce des dangers que monseigneur allait courir, chacun, autour de lui se prit à trembler; mais il répondit à ces trembleurs qu'il irait seul à la contagion, ne demandant qu'un serviteur dévoué qui portât devant lui la croix épiscopale. Hélas ! (tel es le malheur de ces temps sans courage!) à l'heure dite, il ne se présenta personne pou porter la croix devant l'évêque allant visiter les mourants de l'hôpital.

— Allons, dit-il, j'irai bien seul.

Mais quel fut son étonnement lorsque, au sortir de sa chapelle, il vit resplendir la croix d'argent dans les mains d'un jeune enfant de chœur de la plus belle taille et de la plus belle figure? Il avait les yeux pleins de feu, le plus beau front du monde, et des cheveux bouclés comme on en voit aux chérubins dans les tableaux du maître-autel. L'évêque, ébloui et charmé de cette apparition, recula de deux pas pour la mieux voir; il se demanda si c'était un ange, en effet, qui venait pour l'accompagner? Mais quand il eut reconnu le tendre enfant sous cette robe blanche, il se sentit touché jusqu'aux larmes.

— Certes, disait-il, mon jeune héros, si j'étais vraiment paternel, je n'accepterais pas ton sacrifice; et pourtant, le moyen de reprendre à tes jeunes mains ce signe de notre rédemption, qu'elles sont si dignes de porter? Comment donc ferais-je obſtacle à ton dévouement, noble et cher enfant, le dernier compagnon du vieil évêque? Allons, tu le veux, j'obéis; marche en avant, je vais te suivre, et par la grâce et par la volonté de Notre Seigneur Jésus-Chrift, mort sur la croix, qu'il nous sauve tous les deux, ou que nous soyons glorieusement ensevelis dans le même tombeau!

Disant ces mots, il bénissait la tête bouclée, et l'enfant précédant le vieillard, d'un pas ferme, ils traversèrent toute la grande rue, au milieu d'une louange unanime. Il y avait des vieillards qui s'agenouillaient devant eux; il y avait des jeunes filles qui leur jetaient des fleurs; les Prussiens leur portèrent les armes. Au devant d'eux, quand ils montèrent le perron de l'hôpital, encombré des brancards chargés des mourants et des morts de ce matin, les sœurs de la charité attendaient l'évêque et son porte-croix en chantant des cantiques.

— Bénis, disaient-elles, bénis soient ces deux-là qui viennent au nom du Seigneur!

Ainsi s'accomplit la visite pastorale : à chaque lit s'arrêtaient la croix et l'évêque, apportant la consolation et l'espérance. O miracle! à dater de ce jour, plusieurs furent guéris; la maladie alla décroissant, et le saint évêque appela depuis ce temps *mon compagnon, mon héros, mon fils!* le courageux enfant de la cité.

On disait encore, un peu plus tard, quand la réaction commença contre les vieux défenseurs de la patrie, et quand *les brigands de la Loire* (on appelait ainsi les soldats des dernières batailles) demandèrent au ciel irrité leur empereur emporté dans le vaste Océan, que l'*infant*, par son courage, avait empêché l'accomplissement d'un vrai crime.

Un brave homme, appelé le capitaine Legros, le dernier né de ces longues batailles, était entré dans une innocente conspiration qui devait, lui disait-on, ressusciter la grande armée et son illustre Empéreur. Un conseil de guerre avait condamné le vieux capitaine à passer par les armes, et déjà quelques soldats attristés (c'étaient pourtant des Prussiens) conduisaient le capitaine au lieu des exécutions militaires. Mais à l'instant même où le cortége funèbre allait franchir le détour de l'Hôtel de Ville, un grand cri se fit entendre. Un jeune homme, agitant un papier

3

au-dessus de sa tête, arrivait en criant :
« Grâce! Grâce! » et remettait à l'officier ce pli
libérateur. La rue, en ce moment, avait peine
à respirer...

Mais, pendant que l'officier interrogeait la
dépêche, un brusque mouvement de la foule
sépara le condamné de son triste cortége, et
l'enfant criant : *Grâce!* profita de la confusion pour entraîner le capitaine dans une
maison à double issue. Alors, chacun deve-
nant le complice intelligent de cette honnête
action, il fut impossible à l'autorité militaire
de retrouver le condamné. Qui donc avait
écrit la dépêche et sauvé le capitaine? C'était
l'infant, toujours l'infant. L'histoire a gardé
le souvenir de ce beau trait d'un si jeune
homme, et naturellement elle en a laissé la
gloire et l'honneur à *ce peuple indigné de
voir ses murailles souillées du sang géné-
reux d'un vieux capitaine de Waterloo.*
C'est ainsi que l'on écrit l'histoire en tous les
temps.

Surtout (chose étrange à dire, après le
récit de tant de belles actions!) ce qui faisait
l'attachement de la ville pour ce jeune homme

qu'elle avait adopté de si bonne heure, c'était
une prédiction que la sorcière avait faite, un
jour d'été, comme il s'était endormi aux genoux de sa mère.

Or, vous saurez que la sorcière était célèbre
à vingt lieues à la ronde; elle était fière et superbe, et pour toute sa science, elle ne demandait rien à personne; elle n'eût rien ac-
cepté de personne. Elle avait prédit naguère, sans jamais se tromper, les grandes et
terribles aventures de l'Empire; elle avait
prédit, à la chute des étoiles filantes, que
l'Empereur tomberait de son trône : il était
tombé! Elle avait prédit qu'il reviendrait de
son exil; elle avait prédit qu'il tomberait
écrasé sous l'avalanche des nations. Et quand
on lui demandait s'il ne devait pas revenir
une dernière fois? Elle avait répondu par des
larmes silencieuses.

En un mot, cette femme était considérée
comme une illuminée; elle avait conquis, par
l'énergie et la simplicité de sa parole, une
grande autorité sur les âmes qui l'écoutaient.

Donc, elle traversait la rue, et voyant l'enfant endormi, elle se prit à le contempler de

ce regard trifte et profond que les moins timorés avaient peine à soutenir. Puis, de sa main pleine d'éclairs, elle avait dessiné dans l'air les traits de l'enfant endormi, et dans le silence universel :

— Voilà, dit-elle, une chose étrange : à l'exiftence heureuse ou malheureuse de ce bel enfant semble attaché le bonheur et le malheur de notre ville. Elle sera grande et puissante, si son enfant s'avance en âge, et meurt doucement après avoir accompli toutes sotres de bonnes œuvres; mais si le malheur le frappe en sa jouvence, ah! malheur sur lui! malheur sur nous! le même orage emportera l'arbre et l'arbrisseau, la cité et le citoyen, brisant la fleur et le chêne qui lui servait de soutien!

A ces mots, elle disparut; ses paroles reftèrent gravées dans le souvenir de toutes les commères du voisinage; colportées de bouche en bouche avec toutes sortes de commentaires surnaturels, elles finirent par devenir un article de foi... L'infant, désormais, était le gardien de la cité.

Quand donc il fut bien avisé que le jeune

homme, en deçà de toute ambition, acceptait
l'humble profession de son père, et qu'il était
déjà un bon ouvrier, l'inquiétude publique
allant des particuliers aux magiſtrats, ceux-ci
finirent par se réunir dans l'Hôtel de Ville,
où ils entrèrent en délibération des moyens
de trouver une position convenable au mérite,
au talent, aux services déjà rendus, et surtout
(mais sans le dire) à la prédeſtination du jeune
bachelier. Quand ils eurent délibéré, sans
arriver à une conclusion, l'un de messieurs
les conseillers municipaux proposa :

1º Qu'une bibliothèque publique serait inſti-
tuée et composée avec les dépôts de livres
entassés depuis 1793 dans les greniers de
la mairie... Il demandait, ensuite, que le
jeune Benjamin fût nommé bibliothécaire de
la ville, aux appointements de douze cents
livres, et trois cents livres pour l'employé
sous ses ordres. Un local convenable serait
disposé pour la susdite bibliothèque, où les
habitants de la ville auraient le droit de lire
et de travailler. — Après quelque opposition
(il en faut à toute chose), ce beau et bon projet
fut adopté, qui le croirait ? tout d'une voix.

M. le comte de Terre-Noire, lui-même,
accorda sa boule blanche au jeune bibliothécaire, après avoir déclaré, cependant, qu'en
principe, il était opposé à ces amas de livres
qui apprennent au peuple des sciences au
moins inutiles.

Toutefois, quand on lui eut répondu que
ces livres provenaient des anciens couvents
de la province, et qu'ils gardaient encore une
suave odeur d'encens et de verveine; qu'ils
avaient appartenu, dans les temps d'autrefois,
aux oratoriens de Vienne, en Dauphiné, aux
chanoines de Mâcon, aux bénédictins de
Beaune, aux franciscains de Dijon, aux do-
minicains de Champagne, aux capucins de
Riom, aux déchaussés de Lons-le-Saulnier,
aux lazariftes de Romans, aux évêques de
Châlons et de Bellay, à nosseigneurs les
chanoines comtes de Lyon, à la bibliothèque
des auguftins, des céleftins et des révérends
pères de la Société de Jésus, que l'encyclopé-
die et ses démons n'avaient jamais pénétré
dans ce rendez-vous des écrivains les plus
auftères, et que nécessairement, l'hôte assidu
de ces savantes merveilles n'irait pas plus

loin que le grand siècle, **M.** de Terre-Noire, ami d'un progrès modéré, n'eut rien à répondre et se déclara satisfait.

La date de ce grand jour eſt encore aujourd'hui toute flamboyante, en lettres d'or. Le marbre est resté sur les murailles du monument renversé.

V

Notre heureux bachelier, quand il apprit
cette étonnante nouvelle et ces grandeurs
inattendues, en fut presque épouvanté. Mais
le plus charmé, le plus ravi, le plus glorieux
de tous les citoyens, à l'annonce de ce grand
établissement, ce fut ce même dom Martinus,
le bénédictin qui avait été le vrai précep-
teur de l'enfant. — A la fin donc il retrouverait, après une si longue et si cruelle persé-
cution, remis en bel ordre et brillant de leur
nouvelle splendeur, ces beaux livres, l'inépuisable objet de ses regrets, enfouis si longtemps
dans les ombres sanglantes de la Terreur!
Le doux vieillard, dans sa joie, eût volontiers

entonné le cantique du vieux Siméon : *Et maintenant, grand Dieu, tu peux rappeler à toi ton serviteur !*

Vite et vite, on se met à l'œuvre. Il ne manquait pas, dans l'hôtel des anciens comtes de la province, de grandes salles inoccupées. On choisit la plus aérée et la plus vaste, et, sur de belles planches en vieux chêne, furent disposés en bel ordre, et de façon à contenter les regards les plus difficiles, les livres de théologie, à commencer par la *Vulgate* et les *Commentaires* de dom Calmet; les *Pères de l'Église,* dans leur belle reliure en vélin cordé, aux armes des archevêques de Lyon ; l'*Hiſtoire des Conciles,* où toute l'hiſtoire moderne eſt contenue ; et les *Traités,* les *Prières,* les *Sermons,* tout ce qui fut rencontré de plus rare et de plus beau.

Tous les goûts sévères et charmants pouvaient se satisfaire en cette réunion de vieilles choses : le théologien n'avait rien à envier à l'archéologue, et le gentilhomme au villageois. Il y avait des livres pour la bonne femme et pour le poëte, et l'enfance elle-même n'était pas oubliée. Nous nous croyons de grands

3.

inventeurs, nous n'avons pas fait mieux que l'*Hiſtoire des Conciles*, la *Cuisinière bourgeoise*, la *Maison ruſtique* et les *Contes de Perrault*.

— Mon jeune maître, ainsi parlait le père Martinus, de même que l'on se méfie assez souvent d'un homme en haillons, un livre en mauvais état repousse et déplaît, pendant que le vieux maroquin eſt irréſiſtible. Ainsi, moins les livres de théologie ont d'attrait, de nos jours, plus il nous faut choisir parmi ceux qui témoignent d'un grand zèle à les parer dignement. Patience! Un temps viendra, mon fils, où les hommes, rassérénés, s'apercevront que la théologie eſt une science excellente; que saint Ambroise eſt l'égal, pour le moins, de Cicéron, et que Jean Chrysoſtome eſt à côté de Démoſthènes. Bon! voilà qui eſt fait; nos grands livres de théologie occupent la place d'honneur. Dans ce coin plus sombre et très-convenable encore, on mettra la jurisprudence; au dernier rayon, le droit romain; au-dessous, le droit français; bientôt, le droit de la nature et des gens; puis, les *lois*, *ordonnances*, *coutumes*, *ſtatuts, francs-alleux, arrêts, mémoires et plaidoyers, mémoires à consulter, procédures, opuscules, observations, capitulaires;* et tout au bas, le *droit canon...*

Ce qui fut dit fut fait, et le droit, moins éclatant que la théologie, et moins bien relié, fit encore assez bonne figure aux rayons supérieurs. Nos bibliothécaires en vinrent ensuite aux philosophes, aux moraliſtes, au *Platon* de Dacier, à la *Logique* de Nicole, à Plutarque, à Montaigne, à Charron, à la *Politique* d'Ariſtote, aux opuscules politiques de François Grimaudet. Ils reléguèrent dans les rayons que recouvrait la porte en s'ouvrant, la *chimie*, l'*hiſtoire naturelle* et l'*agriculture*, à cause des progrès dont ces belles sciences se targuaient chaque jour, par la voix de leurs professeurs.

— Hélas! disait Benjamin à son vieux mentor; si nous avions les œuvres de M. de Buffon!

— Mais nous ne les avons pas, reprenait dom Martinus, et nous les remplacerons par la *Chimie* de Leſébure, l'*Hiſtoire du chêne* de Jean Duchoul, le *Prædium*

ruſticum imprimé chez Henri Eſtienne,
en 1654, les *Discours économiques* de
Choiselat, et le *Livre de prouffits cham-*
peſtres et ruraulx, par Pierre Décressence.

Quand ils furent arrivés à la médecine :

— Ah! disait le père Martinus, les vilains
livres! Ils exhalent une horrible odeur de casse
et de sené; mais ils nous serviront pour meu-
bler les derniers rangs, et nous les cacherons
de notre mieux, avec nos livres de rhétorique
signés de Henri Eſtienne, de M. Ménage, du
père Lamy, de M. Rollin, de Nicolas d'Haute-
ville, et des discours de réception à l'Acadé-
mie française, imprimés à l'Imprimerie royale.

Il triomphait, le bon père, en prononçant
ces noms chers à ses habitudes, à ses inſtinêts
de rhétoricien, pendant que son élève, un peu
moins enthouſiaſte, posait dans leurs cases
tous ces vieux livres. Mais lui aussi il eut sa
journée; et quand, dans le plus bel emplacement, au beau milieu de la salle, sur la muraille au nord, il eut l'honneur d'exposer les
poëtes, on eût dit qu'il avait vingt coudées, la
taille des héros d'Homère. Homère était là,
non loin de Virgile; Pindare à côté de Sapho;

Horace accompagnait gaiement Catulle, Tibulle et Properce. O bonheur! le jeune homme avait retrouvé les *Amours* d'Ovide et ses *Métamorphoses*, et l'*Art d'aimer*.

— Peuh! disait le bénédictin, si nous laissions ces *Amours* dans le capharnaüm?

— Grâce pour eux, mon père!

Et le bon père fermait les yeux. Ils enfermèrent dans la même armoire, à double tour, Phèdre et Juvénal, Perse et Martial.

— Êtes-vous content, mon père? Voici votre ami, le père Vanière, un héritier de Virgile.

Et le savant père, en souriant, d'applaudir aux douces paroles de son élève. Les poëtes français eurent leur tour. Sur le même rayon, voici : Charles d'Orléans, Villon, Jean Marot, de Caen, et son fils Clément Marot, de Cahors, et tous les autres jusqu'à Régnier. On eût cherché vainement le *Parnasse satirique* et les *Contes* de La Fontaine, mais Despréaux régnait en maître. Arrivaient en même temps les Italiens : Ariofte et Tasse, et Dante, et même un petit tome assez joli, contenant les sonnets de Pétrarque.

— On fermera cette armoire à clef, disait dom Martin en fronçant le sourcil.

— Attendez, reprenait Benjamin, que nous mettions, ici même, les poëtes dramatiques : Sophocle, Euripide, Eschyle, et Sénèque le Tragique ; Plaute et Térence à côté de Molière, et Racine, et Corneille, et, s'il vous plaît, ces romans...

— Des romans ! s'écriait le savant père ; y pensez-vous, mon fils ?

— *Daphnis et Chloé,* mon père, traduit par Amyot, grand aumônier du roi. Certes, nous ne renverrons pas aux carrières Jean-François Rabelais ? Les *Œuvres de Scarron,* faisons-leur grâce, en souvenir de madame de Maintenon, qu'elles ont habillée et nourrie avant qu'elle fût reine de France. Et que dites-vous de *Télémaque ?*

— Eh bien ! fais comme tu voudras, repartit le bon père en soupirant. Tu as réponse à toute chose. On voudrait t'arracher les *Contes et Nouvelles* de Marguerite de Valois, tu crierais : « A la garde ! » et la force armée arriverait à ton aide. Ainsi, fais à ta guise ; mais, pour Dieu ! renferme avec soin

tous ces livrets de peſtilence et ne les prête à
personne. Moi qui te parle, hélas! je n'aurais pas le courage de déchirer ces blancs vé-
lins, d'arracher ces belles images, de jeter au
feu les beaux feuillets de ces vieux poëtes, à
qui le bon Dieu, sans doute, a pardonné.

C'eſt ainsi que tout fut sauvé, dans ces
épaves, par un vieillard, par un enfant. Et
lorsque tous ces livres furent à leur place, en
bel ordre, le jeune bibliothécaire, trouvant
dans les greniers des images au rebut, les
transporta dans la galerie hospitalière, et
Louis XIV ne fut pas très-indigné de se trouver à côté du général Bonaparte; Louis XVI,
à côté du général Jourdan. La reine Marie-
Antoinette accepta volontiers pour vis-à-vis
mademoiselle Charlotte de Corday, petite-
nièce du grand Corneille. Plusieurs belles
tapisseries des Gobelins, représentant les batailles d'Alexandre, achevèrent de compléter
cette intéressante décoration. Un vieux bureau
de Boule, aux armes royales, relégué dans la
chambre des huissiers, se pavana bientôt dans
le cabinet de M. le direſteur. On n'a jamais
vu plus de zèle et plus d'ouvrage accompli par

si peu de travailleurs. En six mois, tout fut
prêt, et les portes s'ouvrirent à deux battants
à ces bourgeois émerveillés de posséder tant
de belles choses, pour si peu d'argent.

Les huit premiers jours, la foule fut assez
grande, et les curieux vinrent de toutes parts;
mais bientôt, la curiosité étant satisfaite, la
paisible cité rentra dans son calme. *Admirer
peu* était sa devise. Seuls, quelques savants
du dernier siècle, et deux ou trois jeunes professeurs, un vieux lieutenant qui traduisait
Horace, un ancien président à mortier qui
faisait un commentaire du Code Napoléon,
de jeunes abbés en quête d'un sermon pour
le jour de Pâques ou la *Quasimodo*, d'anciens abonnés au *Mercure de France*, heureux de retrouver la *Clélie* ou la *Zaïde*, et
chaque jour quatre ou cinq oisifs, étonnés de
la quantité de livres qu'une armoire peut con-
tenir, tel fut le personnel autour du tapis
vert dans le salon carré. Chacun sait le respect, même involontaire, qu'une grande collection impose à tout le monde, et d'ailleurs le
silence était une habitude parmi les citoyens
qui peuplaient encore ces vastes hôtels.

Ainsi, rien ne troubla le jeune Benjamin dans cette immense entreprise d'un catalogue général. Un catalogue! il n'eſt pas d'œuvre entre toutes les œuvres humaines qui soit entourée de plus d'obſtacles. A l'heure où nous sommes, les plus habiles cherchent encore un sentier qui les conduise à ce chef-d'œuvre de l'esprit humain.

Dans ce magasin vaſte, aéré, où le père et la mère étaient de bonne humeur, gagnant bien leur vie et contents de leur célébrité, le jeune bachelier menait une vie heureuse, et même il n'en rêvait pas d'autre. Il avait, pour dire en un seul mot ce qui faisait son charme et sa force, il avait l'innocence. On eût mis entre ses mains le discours sur l'*inégalité des conditions*, il ne l'eût pas compris. Il croyait, comme un enfant, à l'égalité de tous les hommes, s'étant vu, dès le plus jeune âge, ami et compagnon, disons mieux, le proteĉteur du dernier héritier des comtes de Terre-Noire.

A quel signe eût-il reconnu que son père exerçait une profession peu libérale? — Il n'avait entendu, dès le berceau, que des louanges; il était devenu, peu à peu, le fils adoptif de sa

ville natale; il était le bienvenu dans chaque
maison: place au feu, place à la table; et déjà,
qui le croirait? les fillettes de dix-huit à vingt
ans lui confiaient tout bas, en rougissant, les
secrets de leur cœur. Il lisait les billets doux
adressés aux Agnès qui ne savaient pas lire;
il écrivait pour les Célimènes qui ne savaient
pas écrire; il enseignait la prudence à celle-ci,
la patience à celle-là; il était rebelle aux mau-
vaises passions, doux et bienveillant pour tout
le reste.

On l'écoutait, on l'admirait par toute la ville;
elle était obéissante à sa moindre parole, et les
vieillards et les enfants tenaient à lui plaire.

Un jour, comme il revenait de sa promenade à travers les champs, il rencontra, battant le pavé, une enfant mal vêtue, affamée;
elle était en proie aux cris, aux insultes, aux
projectiles des petits bohémiens de la rue.
Hélas! quelle misère et quel abandon! Au
premier regard jeté sur cette malheureuse,
Benjamin, appuyant sa main sur cette épaule
frémissante, imposa silence à l'émeute; il con-
duisit la jeune fille dans le magasin de son
père, et là, par les soins les plus empressés, il

s'efforça de lui faire oublier sa mésaventure.

—Ah! qu'on eſt bien ici! disait la fillette en respirant à son aise ; et si contente de cette hospitalité franche, elle racontait à ces braves gens qu'elle habitait là-haut, sur les sommets, la maison Maudite, et que sa mère avait nom : l'*Excommuniée.*

En vérité, cette mère étrange était née en cette province. A peine elle eut vingt ans, elle avait quitté le pays natal pour courir les hasards de la vie errante. Elle avait été fort jolie, et faute de mieux s'était faite comédienne. Elle appartenait à la race madrée et méchante des soubrettes ; elle était Nérine, elle était Madelon. Elle avait donc traversé, non pas sans y laisser sa beauté, sa jeunesse et son bel esprit, tous les abîmes : battue des uns, adorée des autres, riche et pauvre, en grand habit, en piètre parure. Et tant et tant qu'à la fin, vaincue, elle était revenue au bercail avec sa fille, unique heureusement. Mais les regrets du passé, les ennuis du temps présent, le mirage ancien et cette solitude entourée de haine et de mépris, avaient tourné l'âme et le cœur de cette femme.

Elle était née acariâtre; elle avait fini par être méchante, et s'était mise à torturer cette enfant, son espérance. — L'enfant, maltraitée au dedans et mal tenue au dehors, avait rencontré toutes sortes de petites colères; elle était, sans le savoir, une façon de paria comme sa mère, et c'était, parmi les gens les plus sensibles, à qui repousserait du pied cette infortunée... Il ne fallut rien moins que l'intervention de Benjamin pour donner quelque trève à ces coups d'épingle. A la bien prendre, elle avait des traits charmants, des yeux pleins de feu, la bouche grande et belle, une de ces bouches où le souffle arrive avec les inspirations, qui semblent faites pour le beau chant et la belle parole; un front vaste, des sourcils noirs et bien arqués, des cheveux... plus qu'elle n'en voulait : tout cela troussé en chignon, relevé à la bonne franquette; et puis, sitôt que vous aurez mis un doux rire à ces lèvres fines et fraîches, vous aurez un portrait digne du vieux Greuze, à l'heure où la jolie enfant va casser sa cruche un peu fêlée. On ne voit pas les larmes... encore un instant, les larmes vont couler.

— Oh bien ! moi, reprenait le père de Benjamin, je suis un philosophe, un voltairien ; j'aurais pu chausser M. Diderot, et tel que vous me voyez, j'ai travaillé chez mon ancien maître aux brodequins de mademoiselle Contat, aux cothurnes de M. Lekain. « Mon ami, me disait M. Lekain, tu exerces, sans t'en douter, une profession libérale, et tu trouverais dans Homère, plusieurs passages où ce grand poëte, lorsqu'il veut faire l'éloge d'une déesse ou d'un dieu, les appelait *les bien chaussés.* » Si donc vous voulez, mignonne, entrer chez nous et goûter les douceurs de notre état, je vous l'apprendrai volontiers ; votre main lefte et vos doigts effilés ne sont pas indignes d'un si noble travail.

A dater de ce jour, la petite Lisêtte (c'était son nom de guerre, elle n'en savait pas d'autre) obtint les honneurs d'un tabouret dans un coin du *Soulier galant,* et son bon maître eut la charité de commencer par conftruire, à l'usage de sa jeune apprentie, une formidable paire de souliers à double semelle dont elle avait grand besoin. Même il lui recommanda fort de ne dire à personne qu'il était l'architecte de ce monument *plus durable que l'ai-rain;* en son par-dedans, il rougissait de cette double semelle, qui ressemblait un peu trop aux chaussures cloutées comme en portaient les hommes d'avant la Révolution. A cette magnificence inaccoutumée, Dieu sait si Lisette était contente, et si, dans les premiers jours, elle portait ses souliers plus souvent à sa main qu'à ses pieds !

— Patience, patience! ajoutait le brave homme, avant quatre ou cinq ans d'ici, tu en sauras, Lisette, autant que nous.

A l'abri de ce toit paisible, hospitalier, laborieux, la fillette eut bientôt retrouvé la confiance et la vivacité de son bel âge ; elle chantait comme un pinson, elle sautait comme une bergeronnette, et le magasin retentissait de ses roucoulements. Même, il y eut un jour où le père de Benjamin, très-glorieux et très-étonné, s'arrêta en contemplation devant son fils, qui découpait, d'une gentille façon, la semelle en cuir léger d'un chausson de bal.

— Ma foi, dit-il, mon garçon, je ne l'aurais pas cru, mais, par saint Crépin et saint Crépinien, martyrs, tu as vraiment du bon sang de

cordonnier dans les veines, et, comme dit
l'autre,

Ton premier coup d'aiguille égale tous les miens.

La mère arriva sur l'entrefaite, qui fit
chorus avec le père, et Lisette, à son tour
consultée :

— Oh! la belle œuvre de bachelier, disait-
elle; et c'était bien la peine, en effet, de rem-
porter toutes les couronnes que voilà suspen-
dues à la muraille! Et d'un beau gefte, elle
désignait ces trophées innocents qui déjà tom-
baient en poussière.

— Apprenez, mademoiselle Lisette, disait
le père Benjamin, que toutes ces couronnes
si peu durables ne valent pas, pour bien vivre,
une bonne alène, et je vous défends de décou-
rager mon fils.

Mais personne ici-bas ne saura jamais quel
fut l'étonnement de la cité tout entière, et disons mieux, son épouvante, en apprenant que
le « fils de la ville » (ils l'appelaient l'*infant*),
touchait sérieusement aux outils de son père.

— O ciel! eft-ce possible? Un si rare esprit
et de si grandes études, pour finir par un sou-

lier de satin ! Tel était le discours unanime.

On s'arrêtait dans la rue afin de se communiquer la grande nouvelle. — On l'a vu, ma commère, il ne s'en cache pas, une alène à la main !

— Et cela vous étonne ? ajoutait le comte de Terre-Noire à son ami le chevalier des Bluets. Les petites gens seront toujours les petites gens, et, comme on disait sous notre Henri IV, *la caque sent toujours le hareng*.

Pendant que chacun s'ébattait sur sa destinée, étranger à tous ces bruits, l'infant s'oubliait près de Lisette. Il l'écoutait, la contemplait et l'admirait tout à son aise. La fillette était si charmante, à présent qu'elle avait retrouvé son doux rire, et cette heureuse relâche de dix heures par jour à la tyrannie maternelle ! Elle riait, elle chantait ; elle récitait à ces gens émerveillés les plus beaux passages du *Dépit amoureux*, les plus folles gaietés des *Folies amoureuses*. La Comédie, à son berceau, l'avait bercée ; elle n'avait pas entendu d'autre antienne que les chansons de Regnard, de Lesage et de Dancourt. Sa mère en était imprégnée, et même, en ses colères, elle récitait des tirades qui lui revenaient en mémoire.

Quand elle battait sa fille innocente, elle eût volontiers cherché son excuse dans les coups de bâton que donne en plein sac Scapin à Géronte.

La comédie ancienne eſt ainsi faite : obéiſ-sante aux jeunes gens, impitoyable aux vieillards. Pourvu qu'elle rie, elle eſt contente ; indulgente à l'amour, toutes les autres tendresses lui font peur.

De cette assiduité de *l'infant* dans le magasin de son père, on eut bientôt tiré cette conclusion, que déjà *le fils de la ville* avait mis en oubli Homère, Horace et Cicéron.

VI

Cependant la jeune Lisette, en peu de mois, était devenue une grande artifte dans l'art de tailler, de broder, de coudre et de piquer un soulier.

— Sur la foi de mes pères, je ne ferais pas mieux, disait souvent le père Benjamin à ses pratiques.

Puis elle travaillait si gaiement, si gentiment! Elle était, avec le petit Benjamin, la joie et le bonheur de cette maison. A eux deux, ils s'en partageaient toutes les grâces; Benjamin était le silence, et Lisette était la gaieté : il rêvait, elle chantait. Quand il revenait de sa bibliothèque, écrasé sous le poids de tant de sciences confuses qu'il avait entrevues dans ces gros livres, et qu'il retrouvait ce doux regard posé sur lui, tendresse accorte et fraternelle, il se disait qu'il n'y avait rien de plus rare et de plus divin dans les idylles de l'Ancien Teftament, rien de plus charmant dans Théocrite, et Dieu sait comme il embellissait, dans les fêtes de son imagination, cette fillette aux pieds légers!

Il l'appelait tour à tour : Daphné, Chloé, Néère, Amaryllis; il lui récitait les plus beaux morceaux de Virgile et d'Anacréon dans leur langue. — Elle riait, mais elle n'était pas tant ignorante, en ces belles amours, qu'elle n'en comprît quelque chose. Ainsi se passèrent, entre elle et lui, deux belles années pleines d'innocence et de contentement; lui plongé dans sa tâche, elle acceptant volontiers le travail de chaque jour. Elle était heureuse, et si parfois sa mère encore la voulait battre, elle faisait si bien, que les coups se perdaient dans le nuage. Enfin, on ne bat pas souvent une belle fille de bel air et de belle taille, élégante, et qui ne coûte plus rien à sa tendre mère.

Ajoutez que pas un mauvais discours de
leur entourage n'avait troublé Lisette et Benjamin : travail, innocence et jeunesse, autant
de remparts contre la médisance. On aimait
la fillette, on respectait le garçon.

Brièveté de la vie heureuse! — Un matin,
comme ils étaient sur le seuil de la porte, à
causer de ces mille choses que le cœur garde
et qu'emporte le vent, Benjamin piquant le
satin, par courtoisie, et Lisette le laissant faire
et s'amusant à l'appeler *maladroit !* voici
soudain la mère Rabat-Joie, aux lèvres pin-
cées, à la démarche hardie (on voyait bien
qu'elle avait joué dans ces derniers temps,
quand le tablier de Dorine eut accusé sa taille
épaisse, les Sémiramis, les Mérope et les
Agrippine) :

— Il est temps, dit-elle au père Benjamin,
que nous mettions un terme à cette sotte plai-
santerie. Avez-vous donc pensé, monsieur le
faiseur de chaussures, que ma fille était faite
uniquement pour piquer des bottines? La voilà
grande et belle, et maintenant je l'emmène en
pays civilisés.

— Emmener Lisette ! O ciel ! est-ce possible?

et qu'allons-nous devenir ? s'écriaient le père et la mère Benjamin.

Le petit Benjamin se taisait; il cherchait en vain à comprendre. Il se demandait s'il n'était pas le jouet d'un mauvais songe? On lui reprenait sa Lisette! il ne l'entendrait plus rire et chanter! De son côté la fillette était atterrée. Il est vrai que souvent sa mère l'avait avertie; elle lui disait qu'elle s'en irait bientôt chercher fortune en quelque grande ville et sur quelque théâtre, où la jeunesse et la beauté de mademoiselle Lisette amèneraient la foule attentive. A ces discours, disons mieux, à ces menaces de sa mère, Lisette avait répondu par son beau rire : elle n'y croyait pas. Mais à cette heure funeste, elle comprit que son arrêt était sans appel. Sans doute, elle riait et plaisantait volontiers, mais elle était naturellement obéissante. On trouverait sa pareille, *Sélénie*, dans une pièce latine intitulée *la Cassette*. On se ressemble de plus loin.

— Et quand partez-vous? demanda le père Benjamin quand il se fut un peu remis de sa vive émotion.

4.

— Nous partons dans trois jours, reprit la mère : on vient nous prendre, et soyez en repos, monsieur Benjamin, sur nos deſtinées ; la demoiselle ici préſente eſt réſervée aux plus grands honneurs. Déſormais, ses jours ne seront que fête et plaisir ; son nom glorieux volera de bouche en bouche ; et si nous avons, ma fille et moi, une prière à vous faire, c'eſt de ne point révéler à quelles occupations vous l'avez dreſſée. Acceptez cependant nos remerciements, et croyez, quel que soit l'avenir qui nous eſt réſervé, que la mère et la fille ne vous oublieront pas.

Elle sortit en reine Sémiramis, emmenant sa fille. Hélas ! la pauvre Lisette, elle avait la main sur ses yeux, et déjà de grosses larmes roulaient à travers ses jolis doigts.

Nous renonçons à dépeindre ici la surprise et la douleur de ces bonnes gens. Ils aimaient cette enfant comme leur propre enfant ; ils étaient charmés de sa chanson, de sa bonne humeur, de ce joli bruit qu'elle faisait autour d'elle. Elle faisait tout l'ouvrage, et c'était la première fois qu'ils s'en apercevaient. Elle vivait de si peu ; d'un rien elle était contente ; elle avait

si bien le grand art de réjouir le petit Benjamin, ce beau ténébreux! Et déjà le père et la
mère s'inquiétaient de leur héritier. Quoi donc!
le voilà tout seul désormais, sans Lisette? Ah!
le malheureux! il eſt perdu. Il ne quittera
plus ses gros livres; plus de promenades et de
loisirs pour Benjamin. Lisette elle-même avait
tant de peine à l'arracher à ses études, à ses
rêves, à sa contemplation!

Présages funeſtes et trop vite accomplis!
De même qu'il appartenait à sa ville natale,
on eût dit qu'à sa chère Lisette, appartenaient
l'âme et l'esprit du bachelier.

Le lendemain, il ne vint pas au déjeuner,
il avait oublié l'heure. Il fallut que Lisette le
vînt chercher dans sa retraite; elle le trouva
qui regardait, sans la voir, la lettre-ornée des
soliloques de saint Auguſtin. Qu'il était pâle
et malheureux!

— Viens, Benjamin, lui dit-elle, on t'attend
à déjeuner chez toi, je dîne avec vous.

A ces mots, il ferma le livre et la suivit. Ces
trois derniers jours se passèrent triſtement.
Lisette arrivait sur le midi, elle reſtait jusqu'à
deux heures. Le soir venu, Benjamin l'allait

rejoindre chez sa mère et s'étonnait de toutes ces malles que l'ancienne comédienne remplissait de mille oripeaux sans forme et sans nom.

Il se souvint alors que cette femme était une excommuniée, et il se disait : « C'eft bien fait. » Lisétte obéissait à sa mère comme un corps sans âme, et parfois elle regardait son timide amoureux avec des yeux éblouis, des yeux de fantôme. Enfin, lorsque l'heure du départ eut sonné, quand les bagages de la comédienne furent entassés sur la diligence, cette femme impie eut une espèce de remords, et elle dit à ces deux enfants :

— Allez nous attendre au bout du parc de la préfecture ; la diligence passera par là, dans une heure.

Aussitôt, voici Lisette et Benjamin qui partent en toute hâte. Ils s'arrêtèrent au *Soulier galant*, et la pauvre Lisette, entourant de ses deux bras la tête du père et de la mère Benjamin, se mit à les baiser chacun sur une joue avec des larmes silencieuses. Toutes ces larmes se mêlaient et se confondaient ; il fallut que le jeune homme, enfin prenant sa part de toutes ces douleurs, commandât le courage et la résignation.

— Adieu, ma fille, adieu, ma chère Lisette! Adieu, disaient ces braves gens en la bénissant.

Elle sortit pour ne pas éclater; Benjamin la suivit. Ils entrèrent, se tenant par la main, dans les jardins de la Préfecture, et par les grandes allées de ce vieux parc plein de soleil et d'ombre, ils allaient dans l'ombre. On eût dit Paolo et Francesca dans les ténèbres que Dante a chantées. Ainsi Lisette et Benjamin: ils ne se parlaient pas, ils ne se regardaient pas. En vain les oiseaux chantaient, le ciel brillait, le ruisseau jasait, rien ne pouvait les distraire de leurs ennuis. Mais quelle épouvante, hélas! quand ils se trouvèrent au bout du parc, hors des murs, à l'endroit même où la rivière fait un gué qui mène au grand chemin. Alors le frisson les prit, leur douleur fut au comble. Ils en comprenaient toute l'étendue... Elle avait dans le regard un certain: « Oui, je t'aime! » Il l'avait, lui, sur les lèvres. Ils n'osaient pas, ils ne surent pas les joindre, ou bien le temps leur manqua.

La route était en pente, et le lourd carrosse arrivait au trot de trois chevaux qui sortaient de l'écurie. Alors, comment faire ? — Il était si timide ! Elle était si peu hardie ! Il ne lui fit aucun serment ; elle ne lui fit aucune promesse. Ah ! promesse et serment : leur innocence était si grande que sans doute ils les auraient tenus. Il lui dit cependant :

— Vois-tu, Lisette, à cette place, ici, je viendrai chaque jour attendre le jour où tu reviendras.

— Non, non, dit-elle, Benjamin, pas chaque jour, mais le premier jour de chaque mois, tu peux m'attendre. Un de ces jours-là, je reviendrai.

Et comme le lourd carrosse arrivait d'une horrible façon, tant il allait vite, elle prit la tête de Benjamin et la baisa. Sa mère était dans le coupé de la diligence. A côté de sa mère, un homme assez laid, les doigts en spatule et chargés de bagues, une chaîne d'or à son cou, des breloques, une cravate rouge, un gros rire, eussent fait reconnaître aux moins clairvoyants l'un de ces directeurs de théâtres forains, presque aussi malheureux que les comédiens qu'ils traînent à leur suite. Il avait été le camarade et le compagnon de la duègne. Elle avait été Marinette pendant qu'il était Gros-René, et maintenant qu'ils n'étaient plus bons à grand'chose, ils comptaient sur la grâce, l'élégance et le bel esprit de cette fillette en son avril.

— Adieu, Benjamin, disait Lisette avec un gros soupir; puis, résignée, elle montait à la place qui lui était réservée.

Il était là, muet, debout, sans parole, et quand il voulut parler, la route avait tourné, la diligence était déjà loin!

VII

Il ne fallut rien moins que les tendresses, le dévouement, la charité, la pitié d'une ville entière, les bontés, les encouragements de l'évêque, la douleur même de son père et de sa mère, enfin, le travail, le divin travail, allégeance et contentement des têtes bien faites et des honnêtes cœurs, pour rendre un peu de calme au petit Benjamin.

S'il ne fut pas tout à fait consolé, du moins il reprit les apparences de la résignation.

Il n'était pas trifte, il n'était pas gai; il répondait par de bonnes paroles à toutes les tendresses. Il avait grand soin de ne pas inquiéter son père et sa mère en les quittant trop sou-

vent. Il causait avec eux plus qu'il n'avait fait
du temps de Lisette; il eft vrai qu'ils causaient
de Lisette. Enfin, le catalogue avançait, et
dom Martin se disait chaque matin : « Ça
va mieux; le voilà calme. Il sait bien toutes
ses dates, et ses descriptions sont dignes d'un
maître. » En même temps, le jeune homme
étudiait pour son propre compte. Il lisait les
anciens; il les aimait, et nourri de la mœlle
des lions, sans savoir qu'il était poëte, il composait de longs poëmes, voire des poëmes
dramatiques, tant il avait fréquenté le vieil
Eschyle, un pontife; Euripide, un amoureux;
Sophocle, un hiftorien! Il pensait toujours à
Lisette, il n'en parlait à personne. Il cherchait, mais en vain, à retrouver ce grand nom
dans la *Gazette de la Province...* Il n'y avait
point de Lisette. Elle n'avait pas promis
d'écrire, elle écrivait cependant, — mais on
ne reçut pas une seule de ses lettres. La seule
nouveauté qui perçât au bout de deux ou trois
mois, dans les feuilletons des Geoffroy de la
province, fut une ingénue, une Agnès, qui
s'appelait, en lettres moulées, *mademoiselle
Stéphanie.*

5

Elle était, disait-on, l'idole du Grand
Théâtre de Lyon, et promettait de détrôner
mademoiselle Mars elle-même. Chaque semaine, avec une admiration croissante, le
journal enregiftrait le nom glorieux de mademoiselle Stéphanie. Elle avait joué le rôle
de Léonore dans l'*École des maris;* plus
tard, le rôle d'Armande des *Femmes savantes.*
Elle charmiait la ville entière dans les *Folies amoureuses* de Regnard.

—Qu'elle eft heureuse!

Ainsi disait le petit Benjamin à chaque
nouveau triomphe, et plus que jamais il songeait à Lisette. Il la sentait à ses côtés tout
le jour; il lui semblait qu'elle était là présente;
il entendait le frou-frou de sa robe et le craquement de son soulier neuf. Il la revoyait, la
nuit, dans ses songes; ses premiers vers, il
les adressait à Lisette. Il en était venu, lui
qui ne haïssait personne, à ne plus supporter
le nom de sa rivale, mademoiselle Stéphanie;
et c'eft pourquoi il cessa de lire le journal. Il
allait presque tous les jours, par les mêmes
sentiers, se promener jusque sur les bords de
la petite rivière, et les yeux tout au loin sur

la grande route, il attendait la diligence. Elle arrivait... elle passait; pas de Lisette! Alors, il se promettait bien de ne pas revenir, et se tenait parole pendant vingt-quatre heures, mais jamais, au grand jamais, par le soleil, par le vent de bise et par la pluie et le brouillard, il n'eût manqué, le premier jour de chaque mois, de se retrouver, à la même heure, assis sur la même pierre où Lisette avait posé son pied charmant.

Le second jour du mois de mai, son père et sa mère, un bouquet à la main, célébrèrent sa bienvenue. Il avait vingt ans ce même jour. Il avait, la veille, achevé son catalogue et commencé sa première tragédie. On peut penser s'il fut tendre à ces bons parents, qui se réjouissaient d'avoir un an de plus. Quand il sortit de son logis, il se trouva que ses voisins et ses voisines, surtout ses voisines à marier, se tenaient sur le pas de leur porte, et souriaient à l'enfant de la cité. C'était un dimanche. Il entra dans la cathédrale, et l'on eût dit que l'évêque l'attendait, tant il se trouva jufte à point pour le bénir.

Les cloches sonnaient, l'orgue emplissait

les voûtes sublimes de ses mélodies. Sur le
parvis, les enfants chantaient le mois de mai.
Ces tendresses, ces harmonies, la prière enfin,
apaisèrent tout à fait les angoisses de ce jeune
homme. Il se sentit tout renouvelé par le
calme et la paix d'alentour. L'ardente image
qui l'obsédait disparaissait peu à peu de son
âme enfin rassérénée. Il n'avait pas tout
oublié, il ne se souvenait guère que des plus
douces émotions. Ces changements heureux
sont le privilége des âmes honnêtes; l'innocence a ses beaux jours de récompense. A la
fin donc, le voilà comme autrefois, marchant
simplement dans la vie, et la laissant faire.
Oublié, il oublie à son tour.

Comme il rentrait dans leur maison, donnant le bras à sa mère, et, son père à son
côté, il rencontra M. le comte de Terre-Noire,
qui lui dit :

—Je vous cherchais, jeune homme. On a
beaucoup parlé de vous, hier, dans le conseil
municipal. Nous savons que votre catalogue
eſt achevé, et nous avons en récompense
augmenté vos appointements de six cents
livres par chaque année. Ainsi vous pourrez

songer à vous établir, avec la permission de
M. et de Mme Benjamin.

Sur quoi, le père et la mère et le jeune
homme ayant beaucoup remercié M. le comte,
il ajouta :

— Vous savez que nous avons un nouveau
préfet?

— Je le sais, monsieur, reprit Benjamin.

— Vous savez aussi que vous êtes invité,
ce soir même, en votre qualité de bibliothécaire, à la grande réception de M. le préfet?
C'est un grand honneur pour vous, jeune
homme; il n'y a que les magistrats, les conseillers de préfecture, M. le proviseur, MM. du
conseil municipal, et vous enfin, qui soyez
admis à présenter vos respects à M. le mar-
quis de Persant, pair de France et comman-
deur de Saint-Louis. A neuf heures donc,
soyez exact. Attendez-moi dans le premier
salon, et je vous présenterai. Il n'y a pas huit
jours encore, mon fils, sous-lieutenant des
dragons du roi, me priait fort de lui donner
des nouvelles de son camarade Benjamin et
de le rappeler à son souvenir. A ces mots,
M. le comte de Terre-Noire, d'un pas voisin

de la majefté, s'avança dans la rue Royale, qui menait à son château.

Un incident des plus légers vous donnera une idée approchante des grâces et des bontés dont ce jeune homme était entouré dans sa ville natale. On eût dit que chaque habitante était, pour lui seul, une fée, et lui voulait souffler du bonheur. Le soir dont je parle, après que le père et la mère eurent présidé à la toilette de monsieur leur fils, quand il eut mis son habit neuf et le ruban bleu qui lui servait de cravate, et qu'il fut parti de son pied bien chaussé, ses beaux cheveux blonds naturellement bouclés des deux côtés de sa tête ingénue, il se trouva qu'il avait perdu beaucoup de temps et que même il s'était fait attendre.

— Arrive donc, mon fils ! s'écria la grande Fanchon, qui, depuis quatre ou cinq ans, était la faĉtotum de la préfeĉture. Il y a beau jeu que M. le comte de Terre-Noire a demandé pourquoi tu n'étais pas à l'attendre ? et je lui ai dit que tu étais déjà venu, mais que tu te promenais dans le parc. Tiens, prends ce bouquet ; René, le jardinier, qui voulait le présenter lui-même, a compris que ces belles fleurs te feraient bien venir de notre marquise, et te cède la place. Allons, courage ! entre hardiment !

A la fin, son bouquet à la main, il entra, poussé par Fanchon, la joue aussi rouge qu'une pivoine, et fait à ravir. Juſtement, ces messieurs de la préfecture achevaient leurs compliments à M. le préfet, à madame la marquise ; M. le préfet semblait ravi. C'était un gros homme, au front déprimé, portant légèrement ses ailes de pigeon, et très-glorieux de son habit décoré d'une plaque aussi resplendissante que le soleil. Il avait passé dans l'émigration les plus beaux jours de sa jeunesse et n'était revenu qu'à la suite de ses princes légitimes. Cœur fidèle, âme étroite, une intelligence assez lente, une ardeur à bien faire, et peu de courage au travail, tel il était.

Il rêvait les clefs et les honneurs d'un gentilhomme de la Chambre, ou, tout au moins, d'un premier chambellan. On l'avait nommé préfet, faute de mieux, mais avec de grandes promesses pour l'avenir. Si ces honneurs, nouveaux pour lui, semblaient le satisfaire, il suffisait de jeter un coup d'œil sur madame la marquise de Persant pour comprendre qu'elle était beaucoup moins heureuse de sa position présente. Ah! la Parisienne! Il n'y avait pas huit jours qu'elle était arrivée en ce palais désert, et déjà l'ennui l'avait prise, un ennui de toutes les heures. Que faire, ô ciel? que devenir, dans cette ville à demi morte? à qui parler dans cette société d'hommes faits et de vieillards? Vieux capitaines, vieux employés, vieux savants, vieux maris à côté de leurs vieilles femmes. Pas un bruit de la mode! O Circé! qui te rendra cette élégante et piquante causerie, où, tête à tête avec une amie, au coin du feu, on repasse, avec tant de joie et d'ironie, la fête de la veille et les espérances de ce soir? On se dit à voix basse, avec de si beaux rires, les ridicules, les habits, les petites nouvelles, les médisances, les *on dit* de la ville et de la cour! Sans compter l'heure où les beaux messieurs, les grands juges des Tuileries et du noble faubourg, arrivent au cercle de madame et lui racontent ce qui se disait de monseigneur l'archevêque au foyer du Théâtre-Français, ou de mademoiselle Mars chez madame la dauphine.

Perdue en ces regrets, la marquise se voyait, en même temps, la dépaysée, allant çà et là dans la grande ville, à travers les beaux magasins, chez les bonnes faiseuses, achetant, essayant, chiffonnant, dépensant, que c'était une bénédiction. Volontiers, en ce moment, elle eût pris pour sa devise : *Rien ne m'eſt plus, plus ne m'eſt rien...* la devise de Valentine de Milan.

En sa désespérance, elle avait, mais en vain, espéré que dans cette présentation solennelle de toutes les intelligences qui avaient l'honneur de l'approcher, elle rencontrerait au moins un homme à qui parler, et qui sût répondre à qui l'interrogeait. Elle ne vit que des figures souriant du même sourire, et même, ô chose étonnante! elle comprit, dans tous les regards de ces bourgeois, que pas un seul ne la trouvait belle! Ou bien celui-ci l'approchait, les yeux baissés, sans regarder sa beauté, ou bien celui-là, moins incliné, jugeait, au premier coup d'œil, que cette femme était étrange, et voilà tout, en songeant que sa propre épouse était bien plus charmante. Et puis, les uns et les autres s'in-

5.

clinaient, balbutiant à peine un compliment banal.

Notez bien que cette femme était superbe; elle touchait à ses trente ans; ses cheveux d'or, relevés sur un front royal, avaient une teinte brune au sommet de la tête, qui semblait pleine de rayons. Le plus hardi, à son aspect, se sentait pris d'un vrai malaise, et plus d'un bourgeois de céans vécut longtemps près de cette beauté sans s'expliquer ce phénomène. Un phénomène, en effet : ces deux grands yeux d'un éclat surnaturel n'étaient pas de la même couleur. L'œil droit était noir, impérieux, insolent; l'œil gauche était d'un bleu tendre, éloquent, plein de grâce et de charme. Aussi, quand vous étiez frappé de ce double regard, vous ne saviez auquel entendre. Elle était semblable au sphinx, ou mieux encore aux armes d'Angleterre : une rose en peinture, un lion en action. Le petit Benjamin, parmi tous ces hommes, qui se croyaient bien habiles, fut le premier et le seul qui vit madame la marquise en son vrai jour. Ses vingt ans, sa poésie, et le peu qu'il avait appris des myſtères du cœur humain, lui donnèrent

miraculeusement la crainte et l'admiration
que cette femme imposait à tous les hommes,
disons mieux, à tous les Parisiens, dignes de
l'approcher. Il reſtait devant elle ébloui, con-
fondu, sans parole; il cherchait le mot de
l'énigme et ne le trouvait pas.

Elle avait reçu tout ce monde en reine, assise dans son fauteuil;—mais, sitôt qu'elle vit
apparaître à la porte du salon ce jeune homme
au front charmant, et si peu semblable à ceux
qu'elle avait entrevus, même dans ses rêves,
elle se leva lentement, comme pour mieux
l'envelopper de ce regard irrésiſtible. Il lui
présenta, non pas sans rougir, ces belles
fleurs... Elle prit le bouquet à deux mains,
et, fermant ses yeux de ses longs cils, elle
sembla s'y plonger tout entière. Il y eut un
moment de silence auquel les assistants ne comprirent pas grand'chose. Une ou deux femmes
qui étaient en leur première jeunesse éprou-
vèrent, il est vrai, le frisson qui se fait sentir,
inévitable, aux jeunes cœurs dans une de ces
rencontres solennelles qui contiennent toute
une deſtinée. A la fin, la marquise ayant respiré
une âme nouvelle, aux parfums enivrants de

ces jasmins et de ces roses, releva la tête; et,
redevenue une grande dame, elle fit asseoir le
jeune homme à ses côtés. — Elle lui demanda,
qui donc il était; — son âge et la profession
de son père, et son nom propre?

A cette queſtion (la malice humaine eſt partout la même), tout le cercle écouta ce que le
jeune homme allait répondre. Il répondit très-
simplement qu'il était le fils du père Benjamin, le cordonnier des dames de la ville.
Ici, la marquise, avec un tact suprême, oublia
de sourire; pas un froncement du sourcil, pas
un geſte, et dans toute l'assemblée une décon-
venue immense. Il ajouta qu'il s'appelait Benjamin, et qu'il croyait être, en effet, le Benjamin de tout le voisinage, chacun lui étant
affable et bon. La marquise, à ces mots, se
prit à sourire en toute bienveillance; elle semblait dire : *Oh! pour le coup, je comprends
bien cela.* Et lorsqu'elle apprit, non point
par lui, mais par l'empressement de l'assiſtance, honteuse d'un méchant mouvement,
qu'à lui seul il avait fondé la bibliothèque et
qu'il était le conservateur des livres sauvés par
son zèle, et, pour comble d'honneur, M. le

comte de Terre-Noire ayant complété cette
louange par cette annonce, qu'en moins de
trois ans, le *catalogue* était achevé, la marquise, avec la plus vive admiration, proclama
le catalogue une grande œuvre!... Elle savait
à peine ce que c'était.

La voilà donc, soudain, revenue à la bonne
humeur. Contente, elle trouva que tous ces
hommes auxquels elle avait à peine accordé
un seul regard, étaient des gens aimables.
Elle s'informa des projets de la cité, des espérances du conseil municipal, de la prochaine
moisson; elle demandait au jeune maître en
rhétorique s'il était content de ses élèves, et si
lui-même, il faisait bien les vers?

— Oui, madame, répondit le docteur
Petrus; il est vrai que ce sont des vers latins.
Mais voici le vrai poëte (en désignant Benjamin), il parle en vers comme nous autres,
simples mortels, nous parlons en prose. Il n'y
a pas longtemps, je passais au bout de votre
parc, longeant la rive, et j'entendis le blond
Phœbus qui chantait, au ruisseau murmu-
rant, une plainte, une chanson, une élégie.
Alors j'écoutai. Il n'y avait rien de plus rare

et de plus latin, encore était-ce en bon français.

— Monsieur Benjamin, dit alors la marquise avec un beau gefte impérieux et suppliant, si vous disiez à ces dames et à moi cette complainte, cette chanson! Nous sommes seules; ces messieurs causent politique et gouvernent, à leur gré, les affaires de ce bas monde; on joue au billard, on ne pense guère à nous; dites-nous quelque chose, enfin.

Et Benjamin, rougissant de plus belle :

— En vérité, madame, je ne sais que dire.

— Oh bien! s'écria mademoiselle Anaïs de Monteau, si tu nous lisais, Benjamin, la chanson à la fontaine :

> Écoute un peu, fontaine vive
> En qui j'ai rebu si souvent,
> Couché tout plat de sur la rive,
> Oisif à la fraîcheur du vent...

— Mais voilà des vers charmants, s'écria la marquise en posant le bout de son éventail diapré tout à côté d'un petit signe qu'elle avait jufte au pli du rire :

> Écoute un peu, fontaine vive...

— Ou bien, si tu voulais, Benjamin, reprit
la belle madame de Lescours, tu nous dirais
la chanson que je sais par cœur :

> Mon âme, il eſt temps que tu rendes
> Aux dieux bons les juſtes offrandes...

Elle disait cela d'une voix très-douce et
charmante, la jeune madame de Lescours, et
la marquise, un peu brusquement, coupant
cette douce parole :

— Allons, Benjamin, courage ! il ne faut
pas rougir de la poésie. Elle eſt un don précieux, nous disait naguère Sa Majeſté le roi
Louis XVIII, et si vous le voulez, mesdames,
je vous en ferai le conte, pendant que
M. Benjamin cherchera dans sa mémoire une
ode, une élégie, à sa convenance. Un jour
que j'avais l'honneur d'assiſter au repas de Sa
Majeſté, le roi, qui mangeait des haricots...
oui, mesdames, des haricots, et qui les mangeait avec grand plaisir :

— Mon cousin, dit-il à son capitaine des
gardes, aimez-vous les haricots ?

— Ma foi, sire ! à vous dire vrai, je ne fais
jamais grande attention à ce que je mange.

— Eh bien! reprit Sa Majefté, tant pis pour vous, monsieur; il faut faire grande attention à tout ce qu'on mange, à tout ce qu'on dit.

L'inftant d'après, comme on parlait d'un certain Béranger qui avait écrit certaine chanson intitulée *le Roi d'Yvetot*, Sa Majefté me prenant à partie à mon tour :

— Marquise, aimez-vous la poésie?

— Ah! sire, je l'adore!

— Eh bien! si vous aimez tant les vers, dites-nous-en quelques-uns, à votre choix.

Qui fut bien penaude en ce moment, ce fut moi-même, et j'étais perdue à jamais si je n'eusse appris par cœur un quatrain de Sa Majefté. — Sire, lui dis-je après un moment de réflexion, écoutez, s'il vous plaît, ces vers charmants. Il y avait, sur les marches du trône, un grand prince, et ce prince, envoyant à la dame de ses pensées un adorable petit chien, fit graver ce quatrain sur son collier d'or :

> On ne promet point de largesse
> A celui qui me trouvera;
> Qu'il me rapporte à ma maîtresse :
> Pour récompense il la verra.

Le roi daigna sourire à ce souvenir poétique de ses beaux jours.

— C'eſt bien, me dit-il, c'eſt très-bien, marquise, on voit que vous êtes une femme de goût, et soyez sûre que je ne vous laisserai pas languir dans les déserts où je vous envoie.

En même temps, la marquise, s'adressant directement à Benjamin qui dévorait des yeux le signe indiqué par l'éventail.

— Maintenant, lui dit-elle, que je vous ai dit tout ce que je savais, dites-nous au moins une chanson.

Alors le petit Benjamin, pris pour ainsi dire au trébuchet, récita ces anciens vers auxquels il donnait la grâce et le véritable accent :

LES ROSES PLANTÉES PRÈS D'UN BLÉ.

Dieu te garde honneur du printemps
    Qui étends
Tes beaux trésors sur la branche,
Et découvres au soleil
    Le vermeil
De ta couleur vivement franche.

D'assez loin tu vois, redoublé
    Dans le blé,

Ta face de vermillon teinte,
Dans le blé qu'on voit s'éjouir
  De jouir
De ton image en son vert peinte.

Près de toi sentant ton odeur,
  Plein d'ardeur
Je façonne un vers, dont la grâce,
Malgré mille siècles vivra,
  Et suivra
Le long vol des ailes d'Horace.

Les uns chanteront les œillés
  Vermeillés,
Ou du lis la fleur argentée,
Ou celle qui s'eft, par les prés
  Diaprés,
Du sang des princes enfantée.

Mais moi, tant que chanter pourrai,
  Je louerai
Toujours en mes odes la rose,
D'autant qu'elle porte le nom
  De renom
De celle où ma vie eft enclose.

A son dernier vers, et comme on l'applaudissait par un doux murmure :

— Oh! la la! s'écriait M. le Préfet de sa grosse voix, voilà M. Benjamin qui nous était présenté tout à l'heure, et qui va déjà chassant sur nos terres.

Puis, goguenardant, il chantait le nom
de renom de la rose éclose; en effet, madame
la marquise s'appelait Rose-Louise : *Rose*
dans les jours amoureux et folâtres, *Louise*
pour les jours solennels.

VIII

Il revint tout pensif... et radieux de cette
heureuse soirée; il remportait dans son cerveau doucement réjoui les grâces, le sourire,
l'image errante, l'œil bleu et l'œil noir de
cette étrange femme. Il eut donc grand'peine,
en rentrant au logis, à répondre aux queftions
de son père et de sa mère, oublieux de s'en-
dormir avant le retour de leur fils.

Dieu merci, après les premiers battements,
ce jeune cœur s'apaisa vite.— Il avait l'innocence, et l'innocence eft une gardienne. Après
la première extase, il ne vit plus, sinon confusément, comme on les voit en songe, la formidable beauté de cette femme, et tout de

suite il revint à ses poëmes commencs. Il faut dire aussi que la grande Fanchon, en fille sage et prévoyante, avait coupé court aux visions du jeune inspiré.

— Ah ! par ma fi, lui disait-elle, on dirait que la dame en tient pour M. Benjamin ; mais que tu seras bien avancé d'être le mignon de cette marquise, et le rival de son carlin ! Morbleu ! si j'avais su ce que je sais, je t'aurais fermé la porte au nez dès le premier jour.

Cependant que savait-elle ? Elle ne savait rien, elle se doutait de tout. Elle avait entendu, en chiffonnant dans la maison, les queftions de madame, et ses louanges pour la grâce et la beauté de M. le bibliothécaire.

Et tant elle fit bonne garde, et si facilement le jeune homme oublia ses premières impressions, que tout rentra dans le repos, des deux parts. La préfeĉture et la bibliothèque étaient redevenues silencieuses, et la grande Fanchon se félicitait de ce calme trompeur.

Bien trompeur ! Au bout de huit ou dix jours, sur le midi, Benjamin lisait Sophocle,

à cette page où Déjanire, heureuse, salue
avec transport les beaux jours de la saison
nouvelle : « O jeunesse ! Elle se joue aux
prairies pleines de fleurs, doucement éclai-
rées, loin des orages !... hors des murs, dans
les murs, poussant des cris de joie. » En ce
moment, la belle marquise entra d'un pas
léger dans cette vafte salle qui touchait à ses
appartements, par un long corridor. Madame
avait mal dormi ; madame était languissante,
et quelque rougeur se mêlait à la mate blan-
cheur de son beau teint. Elle portait une robe
en mousseline, ouverte sur le devant de la
jupe, ornée et brodée à ravir ; un ruban bleu
marquait sa taille et l'indiquait sans la ser-
rer. Un ruban bleu relevait ses cheveux très-
blonds, d'un côté, du côté de l'œil noir ;
l'autre côté, le côté des cheveux noirs, pro-
longeait son doux reflet sur l'œil bleu de ciel.
Un bras charmant se laissait voir à travers les
mailles serrées de la mitaine, et la main était
nue. Ah ! que la dame était belle en ce simple
accoutrement ! Quel joli bruit faisait cette
jolie étoffe ! et l'indicible parfum exhalé par
ce frais vêtement !

La bibliothèque était en joie : les théolo-
giens chantaient, les hiftoriens jasaient, on
entendait le baiser des poésies fugitives, mêlé
aux soupirs des élégies; Pindare et Sapho célébraient la dame aux grands yeux... On eût
dit d'une immense apothéose à la beauté de
cette femme. Hélas! l'enfant, qui se croyait
guéri, porta la main sur son cœur. — « Ce
n'eft rien, mon fils; va toujours! »

La dame, avec son doux rire, et sans trop
s'inquiéter des regards de quelques savants
penchés sur ces vieilles épaves des temps
passés :

— Monsieur, dit-elle à Benjamin, il eft
bien vrai que vous êtes le bibliothécaire?

— Oui, madame la marquise.

— A ce compte, c'eft un de vos grands devoirs de me prêter des livres quand je m'ennuie?

— Oui-da, madame.

— Eh bien! je vous prie, ayez souci de
m'en trouver un qui m'amuse, et me fasse
trouver moins longues ces longues journées.

Elle parlait d'une voix dolente, avec un
petit bâillement d'un effet irrésiftible; et le

bibliothécaire, ouvrant la réserve, où se trouvaient rangés sur de légères tablettes les plus beaux livres :

— C'eft à vous de choisir, madame ; voilà tout ce que nous avons de plus rare et de plus charmant.

Elle, alors, en fille d'Ève, eut bientôt jeté les yeux sur un tout petit volume, à la date de 1529, intitulé : le *Romman de la rose*, publié par Gaillot du Pré, *ayant sa boutique au premier pilier de la grande salle du Pallays*. Ce joli volume était le plus charmant du monde ; le plus grand relieur, le maître à tous ces grands artiftes, Derôme, avait chargé ce vieux maroquin d'un semis de roses, dans lequel resplendissait le chiffre aux armes de madame de Verue. A coup sûr, les plus belles mains avaient ouvert ce beau volume, et les plus beaux yeux avaient lu dans ces belles hiftoires toutes remplies de leçons amoureuses.

— Ah ! s'écria la marquise, le joli livre ! Et voilà bien ce que je cherchais !

Puis, l'ouvrant en toute hâte, elle fit semblant de lire... et, bien que le livre fût im-

primé *en lettres rondes,* elle n'y comprenait
pas grand'chose.

— Ah! que c'eſt vieux! reprit-elle, et s'il
vous plaît, monsieur Benjamin, expliquez-
moi ce livre-là.

Disant ces mots, elle prit place au fauteuil
de dom Martinus, qui ne s'eſt jamais pardonné, le malheureux, son absence de la
bibliothèque ce jour-là.

Benjamin, qui savait par cœur ses vieux
poëtes, expliquait à la dame, à mesure qu'elle
tournait le feuillet (leurs joues étaient bien
près l'une de l'autre, et le moindre souffle eût
suffi à mêler leurs cheveux!) ce qui se passait dans le doux poëme : On voit d'abord
dans le « jardin d'Amour » madame *Oiseuse,*
ouvrant sa porte à l'amant. A peine entré
dans le jardin, le dieu d'amour perce l'amant
de ses flèches, non loin de la fontaine où tant
soupira Narcisse qu'il en mourut. Quand il
eut blessé l'amant, le dieu d'amour lui dit
comment, par *Bel Accueil,* il ouvrira le cœur
qu'il aime, et par quels moyens il entrera
dans le parterre où se cueillent les roses : activité, patience et supplications sont conseillés

6

à l'amant par le dieu d'amour. Bientôt voici Lucrèce et Dalila; la première eft une inno-cente, et la seconde une traîtresse. Arrive à son tour Vulcain, puis Vénus, qui tient par la main Adonis. On arrive ainsi à la conclu-sion du *Romman de la rose*,

Où tout l'art d'amour eft enclose. ·

Toutes ces explications, le jeune lecteur les commença d'une voix ferme, et la voix bientôt devint tremblante : à peine, au dernier cha-pitre, si le pauvret avait la force de parler.

— Tout cela eft bien confus, dit la dame, il faut que je l'étudie, et j'emporte le livre avec moi.

Certes, le jeune bibliothécaire eût bien voulu représenter à la belle emprunteuse qu'elle violait l'art. 5 du règlement, et qu'elle s'exposait à chagriner le catalogue... Elle n'était pas femme à s'inquiéter pour ces juftes observations, elle se sentait chez elle : elle eût soutenu volontiers que ce jeune homme était un de ses domeftiques... Elle partit, elle quitta la salle, emportant le *Romman de la rose*... et peut-être aussi le cœur du pauvret.

Mais, cette fois encore, il fut réconforté par sa timidité même; il avait si grand'peur de recommencer cette lecture et ces explications, loin de tous les regards, et Fanchon, de son côté, lui fit tant de honte de cet oubli de tous ses devoirs de conservateur des livres confiés à sa garde, qu'il entra soudain dans une grande inquiétude : — Hélas! si madame la marquise abusait de sa confiance! Hélas! si elle oubliait, sur un banc du jardin, cette perle, ou si quelque tache allait ternir ce blanc vélin! Il n'en dormait plus; il y pensait la nuit et le jour; il se demandait sans cesse et sans fin, comment donc il ferait rentrer ce doux volume? Ah! qu'il était à plaindre... Et voilà comme il oublia la *rose*, pour le roman.

De son côté, la marquise, ayant fait les honneurs de la préfecture au conseil général, en oublia quelque peu ces belles amours. Mais, avant de plaire au petit Benjamin, il fallait plaire aux gros bonnets du conseil général. Il y eut ensuite une élection en remplacement d'un député qui s'était laissé mourir : autre affaire. On ne pense guère à l'amour quand on songe à la Chambre des députés. Que

dirait Sa Majefté, si sa chère marquise en-
voyait à la *Chambre introuvable* un paysan
du Danube, un Manuel, un général Foy?

A la fin, le trône étant raffermi pour toute
une session, le conseil général étant rentré
dans son repos, le nouveau député ayant pris
place aux bancs de la droite, alors madame
la marquise s'ennuya de plus belle. Elle pleurait, elle soupirait; on eût dit que l'air manquait à sa vie. Inviter le jeune homme! en
faire un commensal de la préfecture... On
avait fait entendre à M. le préfet qu'il n'était
pas convenable d'avoir à sa table, ou même
dans ses salons, le propre fils du cordonnier
de madame... Revenir à la bibliothèque, il n'y
fallait pas songer : dom Martin était là, qui
faisait bonne garde. Un jour enfin, comme
elle allait à la promenade en calèche (elle était
seule), elle découvrit dans leur vitrine innocente les *deux souliers galants* posés sur leur
coussin de couleur voyante un peu passée.
Elle descendit, pour les mieux voir. C'était
l'heure où les boutiques de la ville étaient
désertes, chacun se retirant dans son arrière-
maison pour la siefte ou pour le dîner.

Seul, assis dans le comptoir, à la place accoutumée où se tenait Lisette, Benjamin suivait d'un regard attrifté les blancs nuages qui traversaient le ciel; il songeait à son livre, à la *Rose*, au roman, au premier chapitre! En ce moment, la marquise ouvrit la porte, et d'une voix brève elle demanda s'il n'y avait pas ici quelqu'un pour la servir? Ici, le jeune homme appela son père, et le père accourut.

— Mon ami, dit la marquise au digne artisan, on m'a dit tant de bien de vous, que je viens pour vous donner ma pratique, et me voilà!

En même temps, elle posait sur un petit banc ce pied de déesse, et le pauvre homme, aux genoux de cette insolente beauté, tentait, mais en vain, de prendre la mesure de ce pied de marquise... Il se faisait vieux; ajoutez qu'il était ébloui. A la fin, se tournant vers son fils :

— Benjamin, dit-il, mon garçon, viens ici, avec la permission de madame, et tu pourras te vanter d'avoir conquis ta belle part dans le troisième chef-d'œuvre, honneur de notre

6.

maison... A ces mots, Benjamin choisissait, sans mot dire, un brin de fil, trop grand de moitié.

— Ah ! c'eſt vous, monsieur ! s'écria la marquise en levant ses grands yeux étonnés. Mon inſtinɛt m'a bien conduite, puisque me voilà dans les mains de monsieur votre père. Aurez-vous donc la bonté de lui venir en aide... en supposant que vous n'ayez pas oublié votre ancienne profession ?

— Oh ! madame, y pensez-vous ! s'écriait le père Benjamin. Un pareil fils oublier la profession de ses ancêtres, rougir du gagne-pain de son père et de sa mère ! A l'heure qu'il eſt, il n'y a pas encore un ouvrier plus habile à couper, à coudre, à piquer une bottine ! Il eſt vrai qu'il ne travaille guère qu'à ses moments perdus ; c'eſt un savant, c'eſt un rêveur. Au fait, madame, il faut tout vous dire : en ce moment, nous serions très-embarrassés, mon fils, ma femme et moi, de faire en perfeɛtion un de ces beaux ouvrages, pareils à ceux que vous voyez là, sous cloche, et qui font l'admiration universelle. Si du moins notre ouvrière était encore ici !

Voilà ce qui s'appelle une main légère, une aimable artisane! Un coup d'œil lui suffisait pour savoir à combien de points la plus mignonne chaussure; elle devinait d'un regard la cambrure et le cou-de-pied; elle excellait surtout à chausser les belles dames qui touchent à peine à la terre, et souvent, dans son rire, elle disait : « Je ne veux pas chausser une femme qui marche. » Elle était si gaie, avenante et précoce! Elle avait des inventions, des ornements, des grâces que je n'ai jamais rencontrés nulle part. Hélas! la voilà partie! il y a plus d'un an que nous la pleurons tous les trois, n'eft-ce pas, Benjamin? Nous ne l'avons plus revue; elle n'a pas écrit une seule fois; nous ne savons point ce qu'elle eft devenue. Ah! pauvre enfant! chère et douce Lisette! Et nous, qui pensions qu'elle épouserait quelque jour le petit Benjamin et prendrait la suite du *Soulier galant!*

La marquise, aux premières plaintes, du brave homme, avait à peine écouté : au nom de Lisette, elle fut attentive et quand elle entendit ces beaux projets de mariage, elle fronça son sourcil olympien.

Comment donc, une fillette, une Lisette, une
piqueuse de bottines occupait, depuis toute
une année, une si grande place au cœur de
M. Benjamin? Oh! la honte! elle avait une telle
rivale! Et, furieuse, elle accepta qu'à défaut
du père, le fils prît la mesure de son pied, qui
tremblait comme sa voix. Mais quand elle vit
le jeune homme agenouillé, là, sous ses yeux;
quand elle sentit ces deux belles mains toucher
son pied d'enfant et le réchauffer de leur
faible étreinte, elle oublia sa colère; elle chassa
bien loin le souci de sa rivale inconnue:
elle eût voulu porter à ses lèvres ces beaux
cheveux bouclés, dignes de l'Apollon. De son
côté, le jeune homme avait la fièvre, au contact de ce bas de soie à rendre Atalante honteuse et jalouse; et quand il eut fini, restant à
genoux, et levant ses beaux yeux vers cette
belle enamourée qui le contemplait avec un
sourire : — Ah! quel bonheur! dit-il, madame, et quel orgueil, même en cette humble
qualité, de tomber à vos genoux!

Cette fois, elle se prit à rire ; elle riait d'un
rire amoureux, et comme si elle eût voulu pro-
longer cette extase! — Auriez-vous la bonté,

dit-elle au père Benjamin, de me montrer ce
soulier de prunelle?... Quand elle l'eut dans sa
main : — Voulez-vous, dit-elle au petit Benjamin, me l'essayer?... Il ne fallut pas le lui
dire à deux fois ; il releva au cou-de-pied
ces belles jupes brodées, qui laissaient entre-
voir une jambe incomparable; il déchaussa la
dame, et la chaussure élégante de madame
Récamier, cette reine des salons et des poëtes,
alla comme de cire à madame la marquise;
— et même elle y était un peu trop à l'aise,
ajoutait Benjamin le père.

— Et, reprit-il, n'auriez-vous pas, madame, la curiosité d'essayer le chausson
de madame Tallien? Ce fut, cette fois encore,
Benjamin le fils qui fit cet essai périlleux...
périlleux pour lui-même, encore moins que
pour madame Tallien, la première des
victimes de la révolution qui eût osé marcher à l'ennemi. Ainsi, la reine du 9 Thermi-
dor était chaussée au premier bal que donna
la ville éplorée. O talisman ! Tu foulais, si léger, ces ruines sanglantes, tu défiais, si gaiement, la Terreur! Voilà, certes, des idées qui
ne venaient guère à notre heureuse marquise.

Oui dà, elle chaussait deux points de moins que la belle madame Tallien, la superbe, un point de moins que madame Récamier, la charmante, et ce grand triomphe, elle l'emportait sous les yeux, sous la main de son beau poëte. Ah ! qu'elle était heureuse et ravie ! et lui donc ? Et même il calculait déjà qu'il aurait le bonheur de remettre à leur place madame Tallien, madame Récamier, et de chausser encore à deux reprises ces deux pieds qui l'avaient déjà mené si loin !

Oui, mais voilà, par le hasard que rencontrent certainement les nobles cœurs, la terrible Fanchon, Fanchon le trouble-fête, la sage et vaillante entre toutes les filles de la cité. En passant devant la boutique, elle a vu toute la scène, elle entre : — Ah ! madame, et que faites-vous ici ? Comment vous fier à ce maladroit qui ne sait pas tailler ses plumes ? Ne voyez-vous pas que cette boutique est fermée ? Elle est partie on ne sait où, la grande ouvrière, la dernière élève du père Benjamin. Rien à faire ici, madame. Et puis, se tournant vers le petit Benjamin : — Otez-vous de là, maladroit que vous êtes !

Et ce fut la grande Fanchon, en effet, qui, cette fois, déchaussa et rechaussa la marquise. A grand'peine, Benjamin quitta son humble poſture; en soupirant, la marquise remonta dans sa calèche, et quand elle fut loin, Fanchon, très-indignée... et très-sensée :

— Or ça ! êtes-vous fous les uns et les autres? Vous, père à barbe grise, irez-vous exposer votre enfant de vingt ans à s'amouracher d'une coquette de Paris, qui voit le roi tête à tête, et qui lui parle bec à bec? Et toi, Benjamin, notre enfant, chère tête prédeſtinée, enfant de la ville, adopté par un saint évêque, es-tu sot de t'agenouiller publiquement aux pieds d'une femme oisive qui t'appelle aujourd'hui, parce qu'elle s'ennuie, et qui te chassera demain? Non, non, c'eſt impossible, et si tu oublies que tu nous appartiens, nous ne l'oublierons pas, nous autres, nous veillerons sur ta conduite.

Ainsi elle le calmait, elle le grondait, elle le flattait : sa propre mère n'eût pas mieux agi.

Mais cette fois, le cœur était blessé; l'incendie était jusque dans les moelles; la main du jeune homme était encore toute frémis-

sante à ce contact qui la brûlait. Le secours
arrivait trop tard. La trop prévoyante Fanchon avait prêché dans le désert.

Pourtant elle disait jufte, elle disait vrai.
Elle avait très-bien compris toutes les misères
auxquelles s'exposait ce jeune homme. A dater
de ce jour funefte, il cessa de s'appartenir à
lui-même; il n'était plus le maître ingénu de
son action, de son repos, de son rêve : il appartenait à Circé la magicienne; il était sa
proie et sa victime. A son premier ordre, à
son moindre caprice, il traversait toutes les
extrémités de la passion la plus violente; et,
tantôt dédaigné, tantôt rappelé, il obéissait
comme un enfant... comme un fantôme!

Il y avait pour lui des jours si malheureux
qu'il comprenait le suicide.

Il y avait des heures triomphantes où volontiers il eût levé son chapeau de sa tête
féconde... On ne touche pas aux étoiles impu-
nément.

Au bout de trois mois de cette misère et de
ce bonheur, sa santé disparut, ses beaux yeux
se remplirent de larmes involontaires, la pensée échappait à ce cerveau débile. Hélas! le

malheureux! il ne savait plus écrire! Écrire
est une œuvre excellente et toute virile; il y
faut l'idée et le courage, avec le travail et
l'inspiration.

Que de fois il voulut rompre une chaîne
abominable....et que de fois, la voyant rom-
pue, il demandait en grâce et pitié de la reprendre! Ah! le deshérité! C'était bien la
peine, en effet, d'avoir l'inspiration, le talent,
le don des larmes! On le voyait, chaque jour,
dépérir : la ville en était consternée; enfants
et vieillards s'inquiétaient de cette ruine, et
chacun déplorait la perte commune. Insensé!
il était sur le bord de l'abîme, il ne voyait pas
l'abîme! Au contraire, la sirène était triom-
phante, et, sans pitié, l'attachait comme un
otage au char dédaigneux de sa beauté.

Il était pourtant au plus beau moment de
la jeunesse, à l'heure du génie et de l'inven-
tion. Les rares qualités de son esprit fer-
mentaient, comme un vin nouveau dans la
cuve où tout bouillonne. Il entendait, à son
oreille enchantée, une suite de concerts ineffables; son esprit, rencontrait des merveilles
qu'il gardait pour lui seul.

7

Hélas! le bonheur lui manquait pour les produire; il s'oubliait dans les transes, dans les périls, dans les violences, dans les mépris de cette femme. — Il ne voyait qu'elle, elle seule : elle était sa vie et son étoile. Il ne songeait qu'à lui plaire; esclave et demi-dieu tour à tour. Tant qu'elle s'était plu à ses élégies, il en avait composé de toutes sortes : idylles, églogues ou chansons, poëmes voisins de Pindare ou d'Horace. Il allait tantôt dans les champs de Virgile, à l'air libre et dans l'espace enchanté, tantôt dans les bosquets de Tibulle ou dans les labyrinthes ardents de Properce. Il était à la fois lui-même... et tous les autres poëtes. Son amour s'était changé en volonté, sa poésie en patience. Il tenait à sa peine, il aimait son désespoir. Quand la marquise eut perdu l'attention et le goût de ces œuvres ravissantes, et qu'elle n'en voulut plus rien entendre, il chercha ce qui pouvait la charmer; et, comme un jour elle parlait avec enthousiasme et passion de l'art dramatique, invoquant Talma dans toute sa grandeur, mademoiselle Mars dans toute sa beauté, ou bien répétant le soir ce qu'elle avait lu le

matin des louanges de la célèbre artiste Stéphanie, il imagina que peut-être elle serait
contente, s'il parvenait à composer à son
usage, uniquement pour lui complaire, une
tragédie, un drame, une histoire assez dramatique pour tenir attentive, une heure, cette
insolente et dédaigneuse beauté.

Donc, sitôt qu'il eut songé à cette tâche
héroïque, il ne la quitta plus qu'il ne l'eût
menée à bonne fin. Plus de six mois furent
consacrés à la disposition de cette œuvre entourée de périls, et, quand il en eut dessiné
les cinq actes et les scènes diverses, il l'écrivit
d'une main pleine de fièvre et d'éclairs...
comme on écrit quand on est un grand artiste
en style, avec tant d'amour, de grâce et de
pitié! Même il trouva, dans cette entreprise,
un repos qu'il n'espérait guère, une consolation dont il avait grand besoin.

Plus l'œuvre avançait, plus il oubliait; la
dame en vain, très-étonnée de cette indifférence apparente, redoublait de picoteries et
cruautés : il n'y songeait guère. Au plus fort
de ces tempêtes, il se disait : Tu verras bien
si je t'aime! et quand j'aurai mis au dehors de

mon âme les images et les douleurs qui l'ob-
sèdent, quand mes concitoyens viendront
écouter avec des larmes les passions qui s'agi-
tent dans mon cerveau pour t'amuser une
heure, et quand chacun dira en me mon-
trant : « C'eft un poëte ! » il faudra bien que tu
m'aimes encore, ô ma chère maîtresse ! Ainsi,
tout plongé qu'il était dans son drame, oublieux de la misère présente, il vivait aimé et
triomphant dans l'avenir.

Un matin, un jour de printemps, quand le
ciel eft clair, quand l'eau frémit sous le vent
tiède, et que tout bruit, tout chante au milieu de l'universel hosanna, le jeune homme,
emportant son manuscrit achevé, le voulut re-
lire à tête reposée, et naturellement, il prit le
sentier qui conduisait au petit ruisseau, et du
ruisseau sur le grand chemin. En ce moment,
il était content de vivre, il avait la tête légère
et marchait d'un pas léger. Bientôt, quand il
fut hors du parc, à l'angle où l'eau blanchis-
sante murmurait d'une voix plus douce, il
s'assit sur une pierre et se mit à étudier, un
crayon à la main, ces cinq actes, enfants de
son génie et de ses douleurs.

Chaque vers représentait une angoisse de
son âme, une part de sa vie. Il lisait, songeait
et corrigeait, quand, tout à coup, deux petites mains couvrirent ses yeux baissés sur le
manuscrit. Il frémit en songeant que peut-
être *elle* l'avait vu passer, et qu'*elle* venait
pour le surprendre. Immobile, il restait dans
un état voisin de l'extase. Alors, une petite
voix très-douce et d'un beau timbre :

Devine si tu peux, et choisis si tu l'oses !

disait la voix. Il écarta doucement ce charmant voile et reconnut, ô vision charmante !
l'enfant qu'il avait sauvée, amie et compagne
de son heureuse enfance, Lisette elle-même !
Ils s'étaient dit adieu, il y avait tantôt quatre
ans, à cette même place : ici même elle était
disparue, emportée au galop de ses trois chevaux, dans les espaces. Et maintenant il la
revoyait très-grandie, élégante, avec le plus
beau geste, une force, une grâce, une majesté !
Son regard était si tendre, et tant d'admiration se faisait lire en ses beaux yeux !

— Que faisons-nous là ? dit-elle. Et d'abord

soyez le bien remercié; vous vous êtes rappelé le rendez-vous de Lisette... elle a choisi juftement, pour vous revoir, le premier jour du mois de mai :

Le premier jour du mois de mai
Fut le plus beau jour de ma vie.

Et bienséante, elle prit place à côté du jeune homme, après l'avoir embrassé.

— Voyons, reprit-elle, un manuscrit ! Jufte ciel ! une tragédie, un drame en vers, ça me regarde; et ses yeux dévoraient la page où le jeune amoureux tragique se révélait à sa jeune maîtresse. A chaque vers grandissait l'étonnement de la jeune fille; à la fin de la tirade, c'était déjà de l'admiration : — « Quoi ! disait-elle, Benjamin, c'eft toi qui as fait cela ? Ce drame eft sorti tout vivant de cette jeune tête ? Allons, lis-moi ta pièce, ou bien que chacun de nous prenne un rôle et le lise à son tour; le poëte a dit que la muse eft contente des chants alternés. »

Il était bien près d'elle, il s'en rapprocha, et les voilà, l'un l'autre, lisant, lui, d'une voix tendre, elle, dans l'accent le plus vrái de la

plus sincère passion, cette œuvre abondante
en triftesse, en génie, en toutes sortes de tendresses, telles que les dieux eux-mêmes en seraient jaloux. Il lisait bien ; elle parlait à merveille. Il savait par cœur tout son rôle, et
pourtant il faisait semblant de le lire, afin
d'entourer sa taille de son bras ami, comme
si la fillette allait s'enfuir. Bientôt, quand
l'action dramatique éclata tout à fait, la jeune
fille sembla grandir de dix coudées ; elle se
leva, et debout, appuyée au vieux saule, elle
donna la vie et le mouvement à ces belles
scènes que le poëte avait à peine entrevues ;
elle fut éloquente et superbe ; elle fut tou-
chante. Elle avait également les dons charmants du rire et des larmes ; elle voyait,
comme Hamlet, avec l'œil de son esprit, toute
la tragédie, et plus d'une fois, aux endroits
effacés par les larmes, elle rétablit, par l'intention, le texte illisible.

Ainsi, pendant quatre heures, ils se plon-
gèrent avec ravissement dans cette œuvre
inattendue, inespérée. Elle n'avait jamais été
plus belle ; il n'avait jamais été plus grand ;
ils accomplissaient, chacun de son côté, sans

le savoir, un vrai chef-d'œuvre, et quand ils furent arrivés au dénoûment tragique, à la mort du jeune homme expirant par la trahison de la femme qu'il aime, au désespoir de la jeune fille, appelant, mais en vain, la terre et le ciel à son aide :

— Ah ! disait le poëte, il n'y a que la fille d'Agamemnon ou la sœur d'Oreſte qui rencontre un pareil accent dans son âme.

— O mon ami, reprenait Lisette, ô génie ! inventeur de si grandes choses, il faut donc que tu sois bien malheureux !

Alors ils se prirent à pleurer ; ils versèrent, non pas les larmes si douces des cœurs innocents, des chaſtes amours, mais les larmes amères de la vie à l'abandon et des illusions perdues.

— Ah ! Lisette, si tu savais, disait Benjamin, quelle joie et quelle peine en même temps de te revoir, ma chère Lisette ! Hélas ! ma voix ne t'avait point fait de serments, mais j'en avais fait dans mon cœur... et je les ai trahis. Je suis indigne de toi ; ne m'aime pas, ne m'aime plus : j'appartiens au plus funeſte amour ; j'en mourrai, Lisette, et seule, tu viendras pleurer sur mon tombeau.

A ces mots ; elle baissa la tête, s'humiliant de toutes ses forces, Lisette voulut se mettre à genoux ; elle baisait les mains de ce jeune homme adoré.

— Tais-toi ! disait-elle ; ah ! pas un mot de plus, mon cher enfant, sinon je meurs de honte et de remords ! Quoi donc ! mon doux génie et mon cher protecteur, c'eſt toi qui demandes pardon à Lisette ? Te pardonner, moi, Lisette ! Il n'y aurait donc plus de juſtice ici-bas ! C'eſt tout au plus si je mérite encore ta pitié !

Voici comme ils s'accusaient l'un l'autre, innocents et coupables, également, tous les deux.

Ils prirent dans la ville en se donnant la main, comme autrefois. Elle portait avec orgueil le précieux manuscrit, et s'arrêtait souvent pour contempler une haie, un orme, un petit champ, un mur croulant, le moindre accident du paysage. Comme ils entraient dans la ville, ils furent arrêtés par un grand bruit de trompettes et de clairons. Les chevaux hennissaient, les flammes flottaient au vent.

Une compagnie de lanciers entrait dans la ville, et l'officier qui la commandait était ce même baron de Terre-Noire, le condisciple et l'ami de Benjamin. Mais Terre-Noire ne voyait personne; il faisait piaffer son cheval sous le balcon de la marquise, et la saluait de l'épée. Il était, lui aussi, dans ses vingt-quatre ans. La marquise ne vit que le brillant officier, qui la contemplait dans une admiration muette... et bruyante, ou bien, si elle aperçut dans la foule, à côté de son petit Benjamin, cette fillette inconnue, en habits de voyage, elle détourna la tête avec un sourire de mépris.

Et le jeune poëte, heureux de sa journée, entra chez son père en criant :

— La voilà! la voilà! voilà Lisette qui nous revient!

IX

Dans l'intervalle, ils complotaient pour le succès de l'œuvre; et l'on eût dit, à les voir se parler tout bas, ou se promener dans les champs, d'un pas solennel, deux conspirateurs voués à la même tâche. Au fait le rêve de celui-ci n'était pas le rêve de celle-là.

Il ne songeait qu'au moment du grand triomphe où il pourrait, sous les yeux de sa dame et de la ville entière, représenter ce grand drame écrit à l'intention de ses amours; —de son côté, Lisette, oublieuse et dédaigneuse d'un si mince résultat, s'imaginait que cette éclatante poésie, après avoir forcé toutes les âmes à l'admiration, agirait d'une force invin-

cible, inexorable, sur l'esprit du poëte, et, le
saisissant aux pieds de cette femme injufte,
l'élèverait si haut dans sa propre eftime et
dans son propre respeĉt, qu'il ne verrait plus
les choses de la terre, et se retrouverait calme
et tout-puissant dans sa gloire. Elle se rappelait Racine oublieux de la Champmeslé, qui
venait de jouer le rôle de Phèdre ; elle se rappelait le vieux Sophocle, accusé par ses
enfants, et les écrasant sans pitié, sous la
majefté de son aimable Antigone. Oui, le
poëte à charge d'âmes, sitôt qu'il s'eft élevé
aux suprêmes hauteurs ; que lui font désormais les humbles passions de ce bas monde ?
Avez-vous jamais entendu raconter que le
grand Corneille ait aimé quelque chose au-
dessus d'Émilie et de Pauline ? Avez-vous
jamais pensé que Shakspeare ait préféré la
reine Élisabeth elle-même à Juliette, à Des-
demone, à Cordelia ? Voilà ce que pensait
Lisette, et voilà comme elle était rassurée en
contemplant ce jeune homme en proie à ces
triftes amours. Donc, si d'une et d'autre part
l'ardeur était la même, elle et lui s'avançaient
vers des buts bien différents.

Il aspirait à retrouver son cher esclavage; elle aspirait à le délivrer des liens terreſtres. Il rêvait des chaînes adorées, elle voyait pousser ses ailes. Et, cependant, l'heure approchait où ce drame allait se dénouer dans une sanglante et terrible confusion.

On touchait au mois d'août; le 25 de ce mois superbe appartenait au roi de France et à la maîtresse de Benjamin le poëte. C'était leur fête, et cette fois, le bruit circulait dans la ville que jamais madame la marquise n'aurait été plus dignement et royalement fêtée. Une grande revue, une grand'messe, un grand bal, et surtout un théâtre orné de toutes les pompes de l'art dramatique... Telles étaient les promesses de cette illustre journée. Il n'était pas dans la ville un si mince bourgeois qui ne prît à l'avance une bonne part à cette fête, et Dieu sait les frais coſtumes, les robes nouvelles, les diamants et les fleurs!

Déjà, dans l'arrière-boutique du *Soulier galant,* se répétait le nouveau drame. Il se composait de trois comédiens principaux et de plusieurs comparses. Le drame, en quatre aĉtes, appartenait surtout (c'eſt trop juſte)

à l'amoureux, à l'amoureuse. Or, Lisette et
Benjamin s'étaient chargés des deux rôles
principaux. Un grave magiſtrat, le père noble, appartenait de droit au professeur de
rhétorique, poëte rival de Benjamin, mais
un rival plein de déférences. Une fillette,
confidente de la dame amoureuse, une
duègne, un enfant, complétaient cette troupe
bourgeoise; aux dernières répétitions, chacun de ces comédiens improvisés se tirait
assez bien d'affaire, excité et soufflé par la
vaillante Lisette. On fut longtemps à rencontrer amoureux qui devait tenir tête
au héros de la tragédie... Il fallait un beau
jeune homme, élégant, spirituel, et tourné de
façon à contempler une glace amoureuse :

—Ami, disait Benjamin au jeune baron de
Terre-Noire, si tu savais quel beau rôle! On
ne verra que toi dans ma pièce et tu seras
la passion de toutes ces dames! Tu parles,
on t'écoute; tu marches, on te suit. De ton
côté, l'esprit, l'admiration, la vengeance et
le plaisir. Tu porteras un habit brodé sur
toutes les coutures, une toque à plumes
blanches, des bas de soie et des talons d'or.

Moi, je porte un justaucorps tout noir, un chapeau sombre! A mon épée, un crêpe; à ton épée, un ruban de ta maîtresse. On te reconnaît soudain au hennissement de ton cheval, au bruit de tes éperons; tu portes les cheveux bouclés autour de ton front superbe. et moi, j'aurai la tête rasée. A mon aspect, chacun dira : — *C'est un vieillard!* Ne crains pas, d'ailleurs, la longueur de ton rôle; avec une chanson sous le balcon de ta maîtresse, qui est aussi la mienne, avec deux belles scènes d'amour où la dame, en roucoulant, te dira : *Je vous aime!* avec un peu d'habileté à descendre, à l'extrémité du jardin, par une échelle de soie, et peut-être une guitare à frôler d'une main nonchalante, aussitôt chacun de sourire à ton sourire; et même la jeune suivante aura pour toi de tendres paroles, pendant que moi chacun me repousse et me hait. Je fais peur, je fais pitié, je suis trahi.

Et lorsqu'enfin nos deux épées se croisent à la pâle clarté des étoiles, je suis blessé par toi, je tombe et je meurs. Voilà ma tâche et voici la tienne; et tu seras adoré pendant trois heures, et tes lanciers arriveront pour t'applaudir, et les dames te jetteront leurs bouquets, la marquise elle-même! Allons, veux-tu t'enrôler dans ma troupe?

— Oui-dà, reprit le baron, je le veux bien, à condition que je danse une sarabande avec mademoiselle Lisette en costume vénitien! — Justement, reprit Benjamin, nous avons, au troisième acte, un grand bal; tu danseras, mais pas avec Lisette, elle danse assez mal; tu pourras choisir parmi nos invitées. Connais-tu mademoiselle Rose?— On la connaît, reprit le baron, Rose Hamelin, elle-même? Elle a dit qu'elle irait, sous le masque, à condition que tu danserais avec elle. — Ah! la petite masque! reprit le jeune officier, Rose Hamelin masquée, la bonne aventure! — Allons, compte sur moi! mais nous aurons, je l'espère, un bon souffleur?

C'est ainsi que cette éloquente pièce, où chaque rôle était un beau rôle, fut apprise et montée. Au fait, c'est le privilége des belles choses de rencontrer peu d'obstacles. Elles naissent d'elles-mêmes. Elles vont toutes seules; un beau drame est appris si vite! Il se passe, et très-volontiers, de mille accessoires

qui sont le fond des œuvres de la pire espèce.
— Un très-beau rôle a bientôt rencontré
un bon comédien.. Donnez une passion vraie
à quelque ruſtique, il en aura bientôt trouvé
l'accent, la vie et la véhémence. A peine le
jeune officier eut touché à cette grande œuvre,
il se sentit pris par elle; il étudia sérieusement
son rôle assez futile, et quand, pour plaire à
la marquise, il lui récitait une vingtaine de
ces beaux vers, la dame aussitôt devenait
pensive. On ne parlait, dans la ville entière,
que de la nouvelle tragédie. Enfin, c'était à
qui briguerait, dans la salle, arrangée avec
magnificence, une des places les plus rappro-
chées de la scène.

Le retour de Lisette dans la maison de son
père adoptif fut vraiment, pour ces bonnes
gens, une grande fête. Ils ne l'avaient jamais
oubliée.; ils en parlaient presque tous les
jours, et même, en leurs silences, elle était
présente. Ils revoyaient son doux rire, ils
entendaient ses aimables chansons, ils se rap-
pelaient sans cesse et sans fin les heureuses
disputes de la petite Lisette avec le petit Benjamin, et comme elle était contente quand il

revenait, le soir, au sortir de ses vieux livres, encore ému et tout charmé des belles et grandes choses qu'il avait découvertes!

La poésie, un rêve inépuisable; et celui-là qui sait la suivre, heureux et charmé de ses grâces divines, vous le reconnaîtrez sans peine au feu de ses yeux, à l'auréole de son front. Rien de vulgaire; au contraire, un enjouement, un plaisir, une inspiration dans la nue. O jeune homme enivré! qui comprends le beau langage et t'en reviens, semblable à l'abeille errante, à travers les jardins du Lycée et du Portique, avec un butin choisi dans les batailles d'Homère, dans les campagnes de Virgile, aujourd'hui sur les rivages de Théocrite, et demain sous la vigne d'Anacréon! Tel le petit Benjamin rapportait chaque soir, au logis paternel, des parfums, des chansons, mille élégies et mille concerts, puisés dans la source abondante au pied de l'Hélicon. Ces beautés si rares augmentaient sa beauté naturelle; à le voir, à l'entendre, on reconnaissait le favori de la Muse aux grandes paroles. Comment donc ne pas l'aimer?... Si les honnêtes cœurs lui portaient un amour plein de respect, il était un demi-dieu pour sa mère, il était un dieu pour Lisette. Ajoutez le bonheur de vivre et l'ineffable enjouement d'une créature ingénue. Une gaieté si franche, et peu d'orgueil ! Lisette, elle-même, l'appelait tout bas : un bon garçon. Tel il était déjà quand elle le quitta si vite, et voilà comme elle le retrouvait sur les bords du petit ruisseau témoin de leurs chaftes adieux ; c'était toujours le Benjamin de Lisette, mais grandi, mais sérieux, mais un peu trifte et pâli sous l'orage intérieur des passions.

Cette fois enfin, la poësie et le talent s'étaient révélés dans cette âme en tumulte ; il ne manquait plus guère à ce jeune inspiré qu'un peu de douleur pour atteindre au chef-d'œuvre. A retrouver Lisette, il oublia pendant tout un mois les battements de son cœur. A cette ombre aimable, il retrouva l'espérance et le calme.

Ainsi le timide enfant qui se réveille en sursaut, frappé par quelque songe horrible, aussitôt qu'il a senti le tiède abri du sein maternel, et que la douce voix s'eft fait entendre à cette oreille enfin rassurée, oublie en sou-

riant la vision terrible et s'endort sous le regard protecteur.

Cet apaisement dura six semaines; le jeune
homme avait oublié l'enchanteresse; on eût
dit que Circé renonçait à sa proie. La dame,
en ce moment, appartenait tout entière au
beau cavalier qui lui rapportait les échos
brillants de la ville et de la cour; parfois
même, en voyant ce jeune et beau gentilhomme à ses pieds, lui récitant toutes les
paroles de la jeunesse heureuse, elle se demandait si vraiment elle avait aimé le fils
de ces artisans, le savant précoce et sans
prétention qui la comparait à Myrto, blonde
comme les blés, ou qui lui récitait les
louanges d'Amaryllis? Autant sa vanité se
pavanait du baron de Terre-Noire, officier de
lanciers, quand il passait, au son des trompettes, au flot-flottant de la flamme, ornement des lances légères, autant elle se sentait
humiliée, en songeant qu'elle avait franchi, un
voile sur les yeux et des serments pleins le
cœur, les marches de la boutique du *Soulier galant.* — Ah! fi! disait-elle, est-ce
possible? Il m'avait donc ensorcelée?

En ces inſtants misérables d'un si triſte mensonge avec elle-même, elle eût donné tout au monde, et le jeune homme par-dessus le marché, pour oublier ces extases, ces amours, ces douleurs, ces visions jusqu'aux étoiles, ce poëte innocent qui chantait, pleurait ou se taisait, à son ordre, à ses pieds. Lui, cependant, Benjamin, le malheureux, le fanatique, il n'oubliait pas ses amours. S'il en avait été diſtrait un inſtant, en retrouvant sa chère et tendre Lisette, il revenait, par la pensée et par la reconnaissance, au suprême arbitre de sa deſtinée; il lui avait donné, à son premier regard, son génie et sa jeunesse. — Il avait dans cette ingrate, qui l'avait pris comme un jouet d'un jour, une foi si vive, que pas un doute, un seul inſtant, ne lui était venu qu'elle en pût aimer un autre! Il se disait, la voyant si diſtraite et si dédaigneuse, évitant avec lui toute rencontre, et l'accueillant avec tant de mépris, quand par hasard il pouvait approcher de sa beauté : — Prenons patience; elle souffre, elle a des remords qui lui rappellent une faute. Prenons patience! Elle a dit qu'elle m'aimerait toujours.

Il attendait; il espérait. Enfin, c'est le destin ! — Il avait trouvé, pour la ramener, pour la reprendre et la retrouver attentive à son regard, à sa parole, à ses larmes, un moyen qui lui semblait irrésiftible. Il composait à la louange, à l'impérissable honneur de cette ingrate maîtresse, une de ces œuvres qui portent jusqu'au ciel le nom des amoureux sublimes ! « Elle va comprendre enfin que je suis un grand poëte ! Elle entendra la ville proclamer que j'ai fait un chef-d'œuvre. Elle verra tous ces hommes et toutes ces femmes qui m'aiment comme leur enfant, pleurer de mes larmes, partager ma peine, et, dans leur éloquente admiration, implorer le pardon de la beauté que j'aime, si, par malheur, je l'avais offensée... » Et voilà comme il parlait à Lisette. Elle était la confidente et la dépositaire de cette âme innocente, et Dieu sait si la pauvre enfant se sentait troublée au récit de ces grandes misères dont elle savait toute l'étendue ! Encore si elle avait eu le droit de consoler ce jeune homme et de lui dire : « Aimons-nous !... » Son passé la retenait; à ses risques et périls, poussée au désordre par

l'exemple et par les conseils de sa mère elle-
même, elle avait connu toutes les aventures de
la jeunesse à l'abandon.

Son amour pour son doux compagnon, au
départ, était chose légère ; elle obéissait sans
trop de peine à la nécessité ; elle croyait revenir juste à la bonne heure, et retrouver Benjamin fidèle à la fidélité de Lisette. Alors elle
aurait eu le droit de le reprendre, ou tout au
moins de le défendre... Hélas ! l'infortunée,
elle avait perdu, chemin faisant, tous les droits
des premiers jours ; elle n'était plus qu'une
amie, importune aussitôt que le conseil va trop
loin. Son admiration même et son enthousiasme intelligent pour les rares qualités de
ce grand esprit, servi par un si faible cœur,
retenaient Lisette ; il lui semblait qu'un pareil homme était de force à se défendre, et
qu'un tel génie aurait bientôt deviné l'em-
bûche et pressenti le danger. L'un et l'autre,
enfin, en ces moments où la défense était possible encore, ils s'enivraient de poésie. Elle
appartenait tout entière à ce drame enchanté
dont elle corrigeait, en artiste consommée, en
comédienne intelligente, les défauts, l'inexpé=

rience, et jusqu'aux enfantillages. En ces confidences suprêmes, elle avait pris le rôle excellent de la critique, et tantôt par une scène habilement indiquée, et tantôt par une suppression prudente, ou bien en reportant à l'acte suivant telle situation qui devait gagner à ce changement une toute-puissance infinie, elle doublait l'intérêt du drame, elle agrandissait la passion, elle ajoutait à la pitié, à l'intérêt, aux terreurs même, une grâce irrésistible; et mieux encore, elle rencontrait l'expression sincère et le mot vrai, comme une femme ambitieuse de gloire, élevée à la grande école des belles œuvres, et qui sait parler, dans l'accent poétique, la langue ardente de la passion.

De cette double étude, à l'unisson de deux intelligences si bien faites pour s'entendre, une œuvre exquise et grande allait surgir. Encore un effort, le nouveau drame était trouvé. Victor Hugo lui-même, *un conquérant du sien*, comme on l'a dit de Henri IV, n'arrivait que le second.

X

Après ces longues heures d'une attente ineffable, et quand l'impatience publique était à son comble, il vint enfin, ce jour suprême, le jour de la Saint-Louis. Encore vingt-quatre heures, et nous entendrons frapper les trois coups solennels pour le lever du rideau.

Le malheur voulut qu'après la répétition générale, et le drame étant arrêté en ses moindres détails, le jeune Benjamin vînt à penser que la fête du lendemain amènerait dans la bibliothèque un certain nombre de visiteurs. Même on lui avait annoncé que déjà, dans la principale hôtellerie, *aux Armes de France*, étaient descendus plusieurs acadé-

8

miciens des Académies de Lyon et de Mâcon,
et qu'il ferait bien de mettre sous les armes
ses plus beaux livres. Il laissa donc partir
Lisette et sa compagnie, et, par l'escalier de
service, il monta dans la bibliothèque, où
toute chose était en ordre. Une main bien-
veillante avait secoué la poussière des livres
les plus apparents, et lavé les glaces de l'armoire en bois de rose, qui contenait, comme
en toute bibliothèque, à bon droit fière de ses
raretés, les volumes les plus précieux.

Oh! douleur! parmi ces raretés qui devaient
rencontrer le regard des amateurs, manquait juſtement la perle de ces tablettes
choisies, à savoir : le *Romman de la Rose*. Il
n'était pas rentré depuis le jour où madame
la marquise l'était venu prendre, et l'avait
choisi, un peu sur son titre, et beaucoup sur
la beauté de sa reliure. En vain le jeune
homme avait résiſté, disant que le prêt d'un
pareil livre était contraire à tous les règle-
ments, la dame, en riant, s'était moquée des
lois de la bibliothèque. Elle avait prétendu
que le *Romman de la Rose* était de son do-
maine; elle avait fini par l'emporter, disant

— qu'elle le rendrait dans huit jours… Elle ne
l'avait pas rendu ; il eſt vrai que Benjamin ne
l'avait pas redemandé. Comment y songer,
d'ailleurs, dans ces premiers inſtants du
roman de leurs mutuelles amours? Depuis
tantôt six mois, c'était la première fois que
l'imprudent bibliothécaire eût remarqué ce
livre absent.

Il s'en fit un grand reproche, et il comprit l'excès de son amour, en voyant toute
son imprudence. Alors, par devoir, par orgueil, et surtout pour ne point déparer cet
assemblage, à la fois rare et charmant, de
nos vrais poëtes français, il résolut de reprendre à l'inſtant, même au péril de déplaire
à sa dame, le livre imprudemment prêté. Il
pouvait être, en ce moment, quatre heures
de l'après-midi. C'était l'heure où Circé, après
sa toilette du matin, se reposait, attendant
sa toilette de la soirée. Il savait donc par où
passer, sans déranger la dame, et comment
on frappait pour dire à la Fanchon :

— C'eſt un ami, ce n'eſt pas un importun!

Fanchon vint ouvrir, et si le jeune homme
eût été dans son calme ordinaire, un coup

d'œil lui eût suffi pour comprendre qu'il arrivait mal à propos.

— Fanchon, dit-il, on dirait que tu veux
me faire un rempart de ton corps. Laisse-moi
entrer céans; tu sais bien, ce beau livre que
j'ai prêté à ta maîtresse? Elle a négligé de me
le rendre, et j'en ai besoin pour demain!
Laisse-moi passer, je te prie; il doit être sur
quelque table du petit salon, où je l'ai vu il
n'y a pas longtemps. Je sais qu'elle repose
en ce moment; mais sois tranquille, elle ne
m'entendra pas.

Cependant, l'honnête et brave Fanchon,
un bras sur la serrure et l'autre bras sur
le battant de la porte, hésitait et pâlissait. Un
grand combat s'agitait au fond de son âme.

— Eh bien! dit-elle enfin, c'eft décidé;
entrez, monsieur Benjamin, entrez donc,
cherchez votre livre, et n'oubliez pas de m'inviter à votre comédie; il eft probable que je
ne serai plus ici demain.

Il entra donc. Il savait tous les détours de
cette demeure, il les avait parcourus si souvent! On eût dit que les portes obéissaient,
et sur leurs gonds silencieux tournaient d'elles-

mêmes à son aspect. Ces beaux appartements
étaient remplis des plus belles fleurs, comme
aux plus belles heures de ses brièves et chères
amours, quand il était attendu par la dame
avec tant de ravissements.

— Voilà bien le bouquet de violettes, fraî-
chement cueilli, qu'elle aimait à respirer!
Voilà bien, dans le petit salon, la causeuse où
elle était assise, et le coussin sur lequel reposait son pied d'enfant!... Ses gants, son mou-
choir, son éventail, son flacon étaient à leur
place accoutumée... On dirait qu'elle va venir;
on dirait qu'elle m'attend, pensait Benjamin;
encore dix minutes, elle viendra s'asseoir à
cette place, et se regarder à ce miroir : — Elle
arrangera, de sa main charmante, les plis de
sa robe aux longs plis. J'arrive, elle me dit :
« C'eft bien heureux, vous voilà! Vous a-t-on
vu venir? Asseyez-vous sur ce fauteuil, là-bas,
près du piano, et demandez-moi de mes nouvelles? » Puis, me voyant trifte, elle va sourire:
« Il eft vrai, dira-t-elle, que la préfecture eft
un désert; rien n'y passe; approchez-vous... »
Au bout de cinq minutes j'étais assis près
d'elle, à cette place, et je la contemplais tout

à mon aise. Elle avait un regard bleu comme
le ciel, noir comme l'érèbe. Elle disait si gentiment : « Je m'ennuie! Ah! mon chérubin,
que je m'ennuie! » Et ses dents brillaient dans
un sourire. O mon Dieu, eſt-ce possible,
eſt-ce vrai? Suis-je, en effet, le jouet d'un
songe, ai-je donc rêvé tout cela ?

Songeant ainsi, parlant ainsi, il allait, il
venait, il portait à ses lèvres le petit coussin,
il s'enivrait du parfum de ces gants qu'elle
n'avait pas portés.

— Elle eſt là, reprenait-il en désignant une
porte dans la muraille, elle eſt là qui se repose
et qui n'attend plus personne. Ah! ma vie!...
Ah! si j'osais! Mais non, non; encore un
jour; demain, demain, si je suis vraiment un
poëte, et si ce regard terrible et charmant se
pose encore une fois sur mon front.

Il remit toute chose à sa place, et par la
porte opposée à la porte du boudoir, il entra
dans le petit salon de la marquise. Elle appelait cette salle un fouillis; elle n'y laissait
entrer personne. Une ou deux fois seulement
Benjamin, curieux de tout voir, avait pénétré
dans ce myſtère, et, par crainte, il en était

sorti bien vite. Une grande confusion régnait en ce lieu sans recherche et sans façon. Des lettres, des papiers, des journaux, des romans; les *Myſtères du château d'Udolphe* et le *Confessionnal des Pénitents noirs*, les *Petits émigrés* de madame de Genlis, le *Voyage à Coblentz du roi Louis XVIII*, les *Veillées du château, Corinne...* A peine si les premiers feuillets de *Corinne* étaient coupés d'une main négligente! Il était évident que madame la marquise ne touchait pas aux grandes œuvres. Enfin, dans une corbeille, au milieu des chiffons, le jeune bibliothécaire retrouva le *Romman de la Rose :* les deux coins brisés atteſtaient une grande négligence.

Hélas! le malheureux livre! il avait traversé sans encombre une vingtaine de révolutions; il avait vu mourir et renaître la maison de Bourbon; il avait échappé à tant de meurtres, à tant d'orages, à la spoliation, au parapet du Pont-Neuf, à toutes les souillures de la rue, au ver qui laboure et mord... Eh bien! avec aussi peu de façon que si ce livre était un homme... et sous les mains élégantes d'une si rare et charmante leſtrice, le cher et doux

poëme était déshonoré ! Il avait perdu toute
sa grâce au contact de cette beauté.

— Le malheureux ! se disait Benjamin, lui
et moi nous avons couru la même fortune et
subi la même disgrâce ! Il avait pourtant de
si belles choses à raconter à sa souveraine !
Ah ! mon livre ! il sera bien difficile, en effet,
de te rendre à ta beauté première, et jamais
je n'oserai te montrer demain à nos savants
visiteurs.

Comme il était à se plaindre en son patois,
tant il était habile à donner la vie aux choses
même inanimées, il entendit, par la porte
entr'ouverte, que la marquise entrait dans
son salon, et tout de suite il se sentit pris
d'une épouvante ineffable. Ah ! c'était bien
son même pas leste et léger ; c'était bien le
craquement de son soulier neuf ; il reconnaissait le frou-frou de cette robe, où le ruban se
marie à la gaze ; il était pâle... il brûlait.

— O mon Dieu ! la voilà qui s'est assise à
sa place accoutumée ; elle a posé son pied sur
le satin à ses armes, et relevé son jupon juste
à la cheville. Elle met ses gants ; elle prend
son flacon... Si c'était moi qu'elle attendait !

Et comme il s'élançait pour la surprendre
et se profterner devant elle en criant : « Grâce
et pitié! » voici venir, dans son bel uni-
forme, éclatant et paré comme un prince du
sang royal de France, le baron de Terre-
Noire....

— Ah! c'eft vous, baron! Prenez garde, on
vous aura vu venir! Asseyez-vous là-bas, loin
de moi...

Bref, tout le cérémonial accoutumé... Circé
tout entière. Oui, mais cette fois l'amoureux
ne tenait guère à la dame; il était intrépide :
il avait couru toutes les aventures, il savait
parler un fier langage à cette éclatante marquise, il riait de ses soupirs, il se moquait
de ses alarmes, et quand elle disait : « Je
m'ennuie!... » il riait. Parfois même il lui
disait :

— Que veux-tu, marquise?

Il n'était pas fâché de la mettre en colère.
Il se louait de ses injures, il se moquait de
ses caprices; et quand la lionne avait bien
tourné, rugissante, en son cercle accoutumé,
M. le lieutenant :

—Parlons sérieusement, marquise, disait-il,

qu'avez-vous fait ce matin, que faisons-nous ce soir?

Elle, alors, docile à la demande, elle faisait la réponse. Il la dominait, il était le maître, il commandait.

Mais aussi qu'il était gai, rare et charmant! Comme il savait parler agréablement de toute chose, et pas un inftant d'ennui, de langueur, de poésie avec ce brillant jeune homme. Il avait des mots, des réponses, des quolibets, des reparties, des leçons, des chansons à n'en pas finir.

Sa flatterie était à la fois insolente, exquise; elle irritait et charmait la dame. On voyait parfois que, si elle eût osé, elle l'eût fait jeter par la fenêtre, à condition de s'y jeter après lui. Lorsqu'elle fut lasse enfin de ce jeu terrible, où elle n'était pas la plus forte, elle reprit de sa voix naturelle :

— Allons, baron, je suis trop bonne de vous suivre en tous ces détours; parlons simplement, voulez-vous? Où donc en êtes-vous de la comédie? eft-ce, en effet, si beau que vous le dites? Faudra-t-il rire ou pleurer? Quant à moi, je ferai tout ce que vous me commanderez de faire! ou Talma, ou Brunet, choisissez!

— Talma, Talma, madame; et jamais, que je sache, il n'a rencontré de plus beau rôle. On donnerait Arnauld, Ducis, Baour-Lormian, et, par-dessus le marché, Luce de Lancival pour un seul vers de cette adorable tragédie. Ah! le vrai poëte et le charmant amoureux, ce pauvre Benjamin! Comme il faut qu'il vous aime, ou qu'il vous ait aimée, ô belle marquise! pour avoir rencontré, cet innocent, dans son âme ignorante et dans son jeune cœur, des plaintes si touchantes qu'elles rendraient les rochers sensibles! Tenez, marquise, il faut que vous n'ayez point d'âme et fort peu d'esprit pour torturer cet enfant comme vous faites! Comment donc, il eſt un génie, il eſt un ange, il eſt le fils adoptif de toute une cité, et vous lui faites subir les plus cruelles tortures?

Il disait cela très-bien, d'une voix très-nette, avec un certain reſte de déclamation, et la marquise eut beau rire ou se fâcher, il maintiñt son dire :

— Oui, marquise, et voilà votre hiſtoire

avec ce pauvre enfant, qui m'a cédé son prix d'honneur. D'abord vous l'avez vu, il ne vous a pas vue; il se tenait en repos, dans ses livres, et vous l'avez appelé. Comment vous avez fait pour le guérir de cette ingénuité qui n'avait pas sa pareille... il n'y a que lui qui pourrait le dire, il ne le dira pas. Bientôt sa timidité vous a lassée, ou bien son amour vous a fait peur.

Il peut se faire aussi, car, vous autres femmes, vous êtes si mal apprises, que l'on vous ait fait honte d'aimer le fils d'un artisan! Puis je suis venu, j'ai vu, j'ai vaincu, comme un nouveau Jules César, et vous, désœuvrée ou sans pitié, vous avez chassé ce pauvre innocent! Lui, cependant, sans se plaindre, il obéit au caprice de madame, il se fait humble et petit; il va longeant la muraille, il rougirait d'être importun; et savez-vous comment il se console?

Il fait un chef-d'œuvre! Il vous le dédie, il le jouera demain pour vous seule, et cependant, l'idiot qu'il eſt, il ne voit pas, à ses côtés, marchant dans sa lumière et participant à ses moindres inspirations, une jeune fille, une femme admirable entre toutes, une splendide artiste, une amie! Elle ne voit que ce jeune homme ici-bas; elle n'a pas d'autre pensée et d'autre espérance. Elle l'admire, elle l'honore, et dans le fond de l'âme, elle le pleure; il n'y a rien de plus touchant que ces deux êtres complétés l'un par l'autre, et qui ne se doutent pas à quel point ils sont le frère et la sœur. Quoi donc! vous pâlissez marquise! Auriez-vous, par hasard, une larme au récit de ces infortunes que vous avez causées? Ça vous compterait au lit de mort, et je vous en ferais mes meilleurs compliments!

Mais il parlait dans le vide, il prêchait dans le désert; puis, revenant tout à coup à sa nature première, il se regardait dans la glace, il riait à belles dents, il chantait une ancienne version traduite au collége par le petit Benjamin:

« Je veux dire les Atrides, je veux chanter Cadmus; mais les cordes du luth ne résonnent qu'amour.

« Naguère, cordes et lyre, j'ai tout changé, et moi d'entonner les travaux d'Hercule... et la lyre de répondre : Amour.

9

« Bonsoir nous refte à vous dire, héros; la lyre ne veut chanter qu'amour (1). »

— La la! ne vous attriftez pas, marquise; un brin de vérité n'eft pas coutume, et puis je serais un ingrat de vous faire la guerre à mes frais, et de me battre en champ clos pour l'honneur et le bonheur de mon rival! Cependant, je vous connais, vous aimez avant tout la gloire et le bruit; croyez-moi, pas plus tard que demain, vienne le dernier acte, et vous jetterez vous-même, en pleurant, à ce malheureux petit Benjamin de rien du tout, les fleurs de votre corsage et peut-être le peu qui refte de votre cœur!

Voilà comme il parlait de vive et sincère éloquence... Elle répondit en demandant son ombrelle, et descendit au jardin, où le jeune officier la suivit.

Avertie par ce silence, accourut la grande Fanchon, et, trouvant le jeune homme accablé, sans regard, sans voix, sans une plainte et sans une larme : — Ah! mon Dieu, qu'ai-je fait? dit-elle. Merci de moi, tout eft perdu!

---

(1) *Anacréon*, traduit par Jean Larocque.

Pauvre enfant, je voulais te guérir! Mais parle-moi donc, écoute-moi, regarde-moi, Benjamin! Elle l'embrassait, elle pleurait. Une de ses larmes, en tombant sur ces lèvres décolorées, y laissa tant d'amertume, que l'enfant revint à lui-même.

Il sortit pâle et tremblant de cette maison funeſte, et le *Romman de la Rose* étant remis en place, il revint dans la maison de son père. Il s'efforçait de sourire... Lisette, à ce sourire, comprit qu'il venait de perdre à jamais l'espérance et la consolation.

Le matin même de ce jour funeſte, des mariniers avaient apporté dans la ville une assez mauvaise nouvelle. Ils avaient été arrêtés, la veille, à deux lieues de là, en plein fleuve, par une invasion de sable mouvant, mais, comme un pareil accident avait souvent signalé ce côté dangereux de la rivière, les bateliers avaient espéré que, pendant la nuit, le flot plus vif dissiperait ces montagnes de sable. Hélas! vaine espérance, le flot avait été le moins fort; l'ensablement avait chassé de son lit le fleuve enfin vaincu. L'eau était bien plus loin, inondant la campagne, et pour longtemps, pour toujours peut-être, la libre navigation était interrompue. Un filet d'eau avait remplacé le fleuve actif et profond; déjà chacun se lamentait sur ses bords désolés.

Celui-ci pleurait son commerce interrompu; celui-là trouvait, au bout de son jardin, son petit havre ensablé; la barque avait disparu sous la montagne, à peine on diftinguait l'emplacement de la prairie; le saule, hier encore, heureux de se mirer au bord de la claire fontaine, menaçait de se dessécher sur le lieu même qu'il couvrait de son ombre fraîche et charmante. Plus de campagne au loin verdoyante. En toute hâte, le berger a rappelé son troupeau. Le fleuve, oublieux de son vafte sentier, a porté à deux lieues de là ses eaux troublées. Un désordre immense a remplacé la fécondité de ces beaux rivages. Les anciens du pays disaient : Tout eft perdu! Les fermiers d'alentour cherchaient en vain dans leurs puits taris l'onde accoutumée.

Hélas! quelle ruine et quelle misère! Enfin les savants se racontaient les hiftoires de l'Égypte et de ses lacs desséchés qui faisaient périr les fruits et les hommes, les marécages ayant remplacé l'eau courante, et la fange étouffant le flot laborieux. — Nous aurons quelque jour, disait un ancien, ces *barathres*, où l'on ne peut ni marcher ni naviguer, dont il eſt parlé dans les livres de Diodore de Sicile... Plus d'une femme à ce mot « barathres » était tentée de faire le signe de la croix.

Mais le lendemain, M. le préfet, qui ne doutait de rien, étant allé en personne avec messieurs les ingénieurs du département, pour visiter le fleuve ensablé, s'en revint tout joyeux à la ville, en disant : « Ce n'eſt rien, un simple barrage aura bientôt ramené les eaux et chassé les sables ; il ne s'agit que d'attendre une vingtaine de jours. » A ces paroles, tombées de si haut, la ville s'était apaisée. Elle n'était guère laborieuse, encore moins prévoyante, et d'ailleurs, comment s'imaginer que, tout d'un coup, une si grande rivière abandonnera les sentiers dans lesquels elle a couru depuis plus d'un siècle ? — Attendons, disaient les uns. — Mais, disaient les autres, vous ne savez pas qu'autrefois la rivière a baigné les murs de notre cité, et qu'à notre grand préjudice, elle eft allée à deux lieues d'ici?

Ceux qui ne tenaient à rien, les cosmopolites qui n'ont rien à perdre : — Au fait, disaient-ils, que nous importe, et qui nous empêchera d'aller vivre un peu plus loin?

Le soir même, Lisette et Benjamin, sur le pas de leur porte, écoutaient toutes ces rumeurs, sans mot dire. Ils rêvaient à ces malheurs; ils songeaient aux menaces de l'heure présente.

— Benjamin, lui dit-elle enfin, comment vas-tu? N'es-tu point malade, et pourrais-tu me dire, à moi seule, d'où nous vient le malheur qui nous frappe, et cet isolement dans lequel nous allons nous trouver, les uns les autres, si nous perdons le service et la protection de notre fleuve bien-aimé?

Et comme à ces mots, Benjamin la regardait, très-étonné, et semblait lui demander l'explication de ce myftère :

— Hélas! reprit Lisette, il n'y a rien de bien étonnant dans ma queftion. Un grand malheur frappe en ce moment ta ville natale, et comme on sait, Benjamin, que tu réponds, sur ta tête, de toutes nos prospérités, nous en tirons cette conclusion, qu'à l'heure où nous sommes, et menacés de ces sables qui s'avancent, tu cours, toi-même, un grand danger. Tu le sais, si tu vas bien, pour nous, tout va bien! Au contraire, un brin de fièvre aux veines de Benjamin, toute la ville eft malade. Allons, courage, et confie à ma tendresse le secret qui te pèse. On a vu des larmes dans tes yeux; de gros soupirs s'échappent de ton cœur; tu nous es revenu avant-hier si trifte et si découragé! Es-tu malheureux? Dis-nous ton chagrin, que nous te consolions.

La ville entière a souci d'un pli à ton front, d'une peine en ton âme. Ah! mon fils, si tu voulais bel et bien sourire, avant qu'il soit vingt-quatre heures, les bateaux arrêtés là-bas nous apporteraient, comme avant-hier, les fruits et les fleurs, le vin des coteaux, les épis de la plaine, et nous entendrions les jeunes mariniers nous chanter leurs plus vives chansons.

Au discours de Lisette, on eût vu Benjamin s'efforcer de sourire. O trifte et vain effort! Un ami s'y serait laissé prendre; une amie,

une Lisette n'en fut pas dupe un seul inſtant.
Sous le coup de cette préoccupation presque
unanime, elle voulut retarder la représenta-
tion annoncée pour le jour de la Saint-Louis,
disant qu'il était malséant de se réjouir, avant
qu'on ne sût au juſte si messieurs les ingénieurs accompliraient leurs promesses...

Il ne voulut rien entendre ; il répondit
que les caprices d'un torrent, qui va, sans
boussole et sans nord, ne suffisaient point à
retarder sa tragédie. A toute force, il voulait
enfin savoir s'il était un vrai poëte. Il ne disait point les jalousies et les tendresses de son
cœur ; il ne disait point sa suprême espérance, et que sa chère maîtresse, en voyant
l'auréole à son front, lui reviendrait tendre et
reconnaissante. Au fait, que l'eau s'arrête, et
que le sable, en monceaux, envahisse au loin
les plus gras pâturages, ceci n'eſt qu'un
simple accident ; mais renoncer à sa tentative
immortelle, abandonner ce projet si longue-
ment conçu, ce bonheur rêvé si longtemps...
Voilà la chose impossible !

— Tu ne voudrais pas, ma chère Lisette,
arracher le dernier espoir de mon cœur ? Non,

non, une heure encore d'un pareil supplice,
et j'en mourrais !

Sur quoi, Lisette, avec le courage et la ver-
tueuse obſtination d'un noble cœur :

— Tu le veux? disait-elle, eh bien, je suis
prête, et soit faite la volonté de Benjamin !

Alors ils se reprenaient de plus belle à ré-
péter ce grand drame, à préparer les fêtes de
ce grand jour. Le même jour ramenant la
fête de la marquise et la fête du roi, ce fut à
qui montrerait le plus de zèle et d'empressement.

On dressait le théâtre; on brossait les
toiles; on taillait en plein drap pour les cos-
tumes, et là-bas le fleuve oublié s'en allait à la
débandade, à travers des sentiers inconnus.
Plus l'heure approchait, plus le jeune poëte,
négligent de la terre et des révolutions d'ici-
bas, semblait grandir. Son front respirait
l'enthousiasme. Un feu nouveau brillait dans
ses grands yeux, qui disaient toutes choses;
il avait parfois dix coudées, la taille des héros
d'Homère, et Lisette, à son tour, obéissante
à la poésie et négligente de tous les malheurs
qu'elle avait entrevus un inſtant, ne songeait

9.

plus qu'à se montrer au niveau de la tâche entreprise.

Elle aimait la comédie ; elle s'était fait du théâtre une seconde patrie; elle avait compris, la première et la seule, à quelle hauteur atteindraient les passions que contenaient ces quatre actes : esprit d'aventures et de plaisir, insouciance et gaieté, tous les bonheurs et toutes les triſtesses de l'amour; et quand le jeune homme, inspiré de toutes les tempêtes qui étaient en lui, se faisait l'interprète éloquent et convaincu de sa propre et vaillante poésie, elle se demandait, inquiète et charmée, si jamais elle irait à ce troisième ciel... Elle avait un rôle âpre, ardent, plein de grâce, de pitié, de génie et de retours sur soi-même. Bien qu'elle eût joué naguère tous les grands rôles, qu'elle eût été la Pauline et la Chimène, et qu'elle eût palpité dans les bras du grand Corneille, elle doutait d'elle-même, à côté du jeune homme.

— Non, se disait-elle, jamais mon expérience ne luttera contre la sublime ignorance que voici... Voilà comment elle fut prise, à son tour, par ces preſtiges, voilà comme elle

oublia toute prudence et qu'elle fut tout
entière à son rôle, à son héros, à sa passion.

Quand la pièce, enfin, ne présenta plus
d'obftacles, et les rôles étant bien appris, elle
s'inquiéta du coftume des comédiens, et surtout des deux coftumes principaux, celui de
Benjamin, qui représentait un chevalier du
temps de Louis XIII, et celui de la jeune
amoureuse... Une amoureuse de vingt ans,
sur le patron de mademoiselle de la Fayette
et des jeunes beautés que célébraient les
Malleville et les Gombault dans leurs chansons. Elle avait taillé, dans un velours noir,
le manteau et l'habit du jeune homme. Elle
avait relevé sa toque, ornée d'un plumet
noir et d'une agrafe en diamants.

Elle s'était réservé, pour elle-même, une
robe en satin blanc, relevée de pasquilles
d'or. Depuis six semaines déjà, Benjamin
laissait pousser ses mouftaches, et sa *royale*
à la Henri IV.

— Ah! que tu seras beau! lui disait-elle.

Et quand il demandait à voir son coftume :

— Attendons le grand jour, monseigneur;
je veux vous parer de ma main royale et

vous en laisser la surprise... à vous-même...

Il riait, mais ce n'était pas d'un bon rire. Elle, alors, se prenait à soupirer.

Il vint enfin, ce grand jour qui devait décider de cette aimable et jeune deftinée ; il vint, superbe et glorieux, et commença par un solennel *Te Deum !* La marquise, au bras du magnifique préfet, son premier esclave, semblait une souveraine ; un seul de ses regards vous tirait de la foule, un seul de ses mépris vous eût plongé dans l'abîme. Elle amenait à sa suite les officiers, les magiftrats, les dames de la ville, mais on eût dit qu'elle ne connaissait personne ; elle appartenait tout entière à la majefté de l'heure présente. Une seule fois, elle retourna la tête pour chercher quelqu'un dans la foule.

—O bonheur ! se disait Benjamin, c'eft moi qu'elle appelle...

A peine si elle entrevit le jeune homme ; et ses yeux demi-clos s'arrêtèrent sur le bel officier, qui s'inclina jusqu'à terre pour bien indiquer aux curieux qu'à lui seul s'adressait l'honneur de ce regard. — « Malheureux que je suis ! pensa Benjamin, c'eft vraiment lui qu'elle aime... » Il s'arrêta dans une chapelle latérale, et lui seul, sans doute, il se mit à prier d'une fervente prière. En ce recueillement suprême, il revit tous les bonheurs de son enfance ; en même temps il comprit toute sa misère. Ah ! pauvre être ! Il se sentait perdu. Son arrêt fut prononcé dans le fond de son âme. Irrévocablement, il se condamna lui-même à mourir.

C'eſt pourquoi, sa décision étant prise, il revint tout de suite à sa simplicité première ; il ne fut ni gai ni triſte, et marcha très-simplement, songeant à bien jouer son rôle, et surtout à bien mourir. Lisette, qui le suivait d'un regard attentif, le voyant redevenu si calme et tout rasséréné, reprit confiance ; elle ne douta plus de la guérison de cette âme en peine : il y a tant de consolation dans la poésie ; on a tant d'espérance et de confiance à vingt ans !

Le soir venu, la ville entière se précipita dans la grande salle *des États*, où le théâtre était dressé. Le rideau représentait une coupe, un poignard, une couronne, un masque et les bandelettes sacrées de l'ancienne tragédie. Au parterre, et debout, se tenaient les bourgeois de la ville et les hommes les plus diftingués, ceux-ci par leurs études, ceux-là par leur bon goût, qui faisaient loi en toutes les choses lettrées ; à l'orcheftre, étaient assis les magiftrats, les officiers, les dames, le beau monde enfin.

Le père et la mère du petit Benjamin avaient un siége à part, non loin de la grande Fanchon. Dans une belle loge, à l'avant-scène, du *côté-jardin*, madame la marquise était attendue et se faisait attendre. On avait réservé, de l'autre côté, *le banc du roi*, pour M. le préfet, pour le général et les personnages les plus considérables de la cité. Et lorsqu'enfin chacun fut à sa place, et que madame la marquise eut salué son peuple, alors la toile, en se levant découvrit un vafte espace : une place, un palais, une fenêtre à balcon, des maisons et des rues, toute une splendeur. Le parterre, émerveillé, battit des mains.

Certes, en ce moment, je ne saurais vous raconter les merveilles du nouveau drame et les palpitations de ce public si peu fait à ces nouveautés étranges ; il comprenait confusément que toute une révolution allait s'accomplir sous ses yeux ; on le sentait attentif, sympathique et plein de bon vouloir. Ami des siècles passés, il se disait tout bas que l'art moderne était le bienvenu.

« Laissez parler ce jeune homme ! écoutez ce jeune homme ! » Voilà ce que disaient ces lèvres entr'ouvertes, ces regards émerveillés ; et quand le héros, Benjamin, poëte et comédien de son œuvre, arriva dans ce coſtume de prince inconnu, l'épée au côté, la plaque au manteau, son front superbe rehaussé de l'éclat du diamant, il y eut comme un murmure indicible : on admirait sans réserve, et les jeunes femmes et les jeunes filles ne se gênaient point pour l'applaudir. Il reſta plusieurs minutes immobile et silencieux, le front dans le nuage, sans regarder personne, et tout entier à ses visions.

L'inſtant d'après, quand il fit entendre à l'auditoire attentif des paroles inconnues, des paroles d'amour, d'héroïsme et de passion ; quand les échos naïfs de ce théâtre éphémère retentirent des plus beaux vers d'une poésie étincelante de toutes les beautés de la jeunesse, ah! plainte ineffable, ah! douleur sans limites! On n'entendit que ce jeune homme, on ne vit que ce jeune homme. A peine eut-il récité son monologue à l'Elvire idéale, il n'y eut plus, dans toute la salle qu'une seule âme, un seul transport. La marquise, immobile et raide, en sa feinte dignité, résiftait seule à cette intime palpitation.

Sitôt que la duègne, en corps de jupe cousu de jais, à la mode d'Isabelle la Catholique, fut venue dire à notre amoureux que sa maîtresse était absente et qu'il ne la verrait pas ce soir; quand l'autre amoureux, le rival, couvert d'un manteau sombre et d'un feutre en galon d'or, fut entré par la fenêtre à la façon d'un conquérant, et que le vieillard, gardien de cette maison, gardien terrible, et semblable à don Diègue, eut chassé les deux amoureux, chacun des spectateurs disait : « C'eft dommage ! » et faisait des vœux pour le don Juan qui parlait si bien. Déjà les dames émerveillées s'inquiétaient tout bas de l'amoureuse et se demandaient si vraiment l'amoureuse attendue avec ces vifs transports serait assez belle et charmante pour mériter ce bel

amoureux. Alors apparut la Chimène, à savoir Lisette, en sa grande parure, et dans tout
l'éclat de ses vingt ans.

Elle avait, nous l'avons dit, sur tous ses
compagnons de comédie, un avantage : elle
était comédienne; elle avait joué la comédie;
elle portait le coſtume à merveille; avec un
beau geſte, elle dominait cette assemblée où
se mêlaient des curiosités si diverses. — Son
rôle était superbe; elle aimait, d'une passion
contenue, un jeune homme, un proscrit; elle
venait le chercher dans l'ombre, et sitôt
qu'elle l'entend venir, la voilà rassurée. Elle
eſt reine, elle commande, il obéit. Désormais,
il eſt aimé, il peut mourir.

Et toujours la lutte énergique entre la passion et le devoir; ces deux jeunes gens, complétés l'un par l'autre, étaient les plus beaux
et les plus touchants du monde. Elle portait
un collier de perles, et, sur sa tête, une couronne de duchesse. Ah! le doux rire! et si
l'autre arrivait, le rival, le seigneur, qu'elle
était dédaigneuse et violente!

Eh bien! pendant tout le second acte, au
milieu de la louange unanime, la marquise

résista à l'héroïsme, au courage, comme elle avait résisté à la tristesse du héros. Pas un pli de son visage, et pas un mouvement de ses lèvres! Rien qui vînt de cette âme de fer!

Cependant autour d'elle éclataient les applaudissements, les adorations. Les femmes pleuraient déjà sur les malheurs à venir. Pas un homme, ici présent, qui ne se fût jeté aux pieds de la comédienne et qui n'eût relevé son éventail.

Mais enfin, au troisième acte, à l'instant funeste et charmant où les deux amants se rencontrent, quand la jeune dame et le beau ténébreux se racontent à voix basse (ô les belles voix sonores et touchantes!) tous les ravissements de l'amour; lorsqu'à son tour il comprend qu'il est aimé d'elle, et qu'elle avoue, en lui tendant ses belles mains, tous les transports de la plus vive tendresse, en ce moment disparaissaient le drame et la fiction; loin d'ici la fantaisie et l'imitation! C'était bien là, sous les yeux de la foule attendrie, heureux et radieux de leur extase, un amoureux, une amoureuse. Ils ne jouaient plus une comédie, ils montaient triomphalement jus-

qu'à l'extase, chaque auditeur saluant de ses
larmes tant d'éloquence et de génie.

Ah ! cette fois enfin, la marquise entendit
une voix de son âme, un inſtant réveillée, qui
lui disait :

— Misérable ! et voilà donc l'amour que tu
as méconnu ! Ce jeune homme était à tes
pieds ; il t'avait donné sa beauté, son génie
et tout lui-même ; il ne vivait que par toi...
pour toi, pour toi seule, et tu l'as chassé
comme un coupable, et tu n'as pas compris
qu'il t'aurait faite immortelle ! Et maintenant
le voilà, sous tes yeux, aux pieds d'une autre
femme, adorant, adoré ; le voilà sous les yeux
de toute une cité qui va te maudire, et qui
redira ses louanges jusqu'à la fin des siècles !

Telles étaient les pensées, tels étaient les regrets de cette femme ambitieuse et sans cœur.
Elle comprenait enfin la jalousie et l'envie.
O misère ! être jalouse d'une Lisette ! Envier
cette artisane ! Elle se demandait si elle n'était
pas le jouet d'un rêve, et, que dis-je? en ca-
chant ses larmes... elle pleurait !

La toile était baissée, l'on était au dernier
entr'acte, et les spectateurs, non moins que

les comédiens, voulant se reposer un instant avant le dénoûment de ce drame enchanté, Lisette et Benjamin furent s'asseoir sur un banc de bois qui représentait un banc de gazon. En ce moment Lisette dit à Benjamin, en lui tenant les mains :

— Eh bien! que dites-vous de cela, mon poëte? Et maintenant, douterez-vous de votre autorité sur les âmes qui vous écoutent? Les avez-vous entendus frémir? avez-vous compté les belles larmes de toutes ces jeunesses, et comprenez-vous maintenant que vous soyez un véritable enchanteur? O maître! ô génie! Enfant de Corneille, enfant de Shakspeare! Et songe, ô victorieux, que tu appartenais naguère à cette femme, et que tu obéissais à sa fantaisie! Allons! haut la tête, et laissons parler notre orgueil! Laisse au milieu de ses galants cette marquise de malheur, et viens-t'en vivre à Paris, régner à Paris, remplir la grande scène, interroger mademoiselle Mars et commander à Talma. Fi de la petite intrigue et des amours de province! Allons, sois homme et promets-moi de vivre!

Et comme il restait immobile :

— Ah! malheureux ingrat! je t'ai bien compris, tu veux mourir.

Lui, cependant, se sentait pénétré de ces douces paroles. A son insu, il était envahi par l'irrésistible attrait de l'héroïne qu'il avait rêvée. Elle était donc là, si près de son cœur, charmante et vivante, objet réel de ses rêves, de sa fantaisie et de ses jeunes amours! Peu à peu le bandeau tombait de ses yeux, le chagrin sortait de son âme!... Il oubliait Circé pour ne songer qu'à Galathée.

— Hélas! disait-il, ma chère Lisette, ai-je été malheureux loin de toi! T'ai-je assez pleurée; et maintenant ne me dis rien, je ne veux pas savoir ce que tu es devenue. O ma chère gardienne! allons, rassure-toi, je t'aime et j'oublie. Aimons-nous! Marche, et je vais à ta suite. O quel bonheur de marcher tous les deux dans les sentiers divins que tu viens de m'ouvrir, ta main dans ma main, sans reproche et sans peur; toi, récitant les vers que je veux faire, et jouant les drames que je sais inventer!

Il parlait ainsi, puis, se penchant sur ses mains adorées, il les portait à ses lèvres;

non, certes, il ne voulait plus mourir.

Un misérable incident vint changer toute cette joie en deuil éternel; tout ce bruit en silence, en oubli ce rare et merveilleux talent.

La marquise, accoudée au-devant de sa loge et le rideau fermant très-mal, avait vu l'amoureuse et l'amoureux s'asseoir sur le même banc. Bien plus, elle avait prêté une oreille attentive et jalouse à ces belles paroles, ce qu'elle n'avait point entendu, elle l'avait deviné. En ce moment, sa jalousie et sa douleur furent à leur comble : elle cherchait une vengeance... elle n'en trouvait pas, tant elle comprenait que ce jeune homme échappait à la toute-puissance de sa beauté. Ce fut alors que M. le comte de Terre-Noire, un grand attentif de la marquise, imagina de faire à ces deux jeunes gens ce qui s'appelait une bonne farce.

— Ils ont oublié, disait-il à la dame, le monde entier; il n'y a plus, vous le voyez, de comédienne en ce moment, et il n'y a plus de comédien : il n'y a que deux amoureux qui se racontent leurs petites passions en plein théâtre, et qui ne voient même pas leur père et leur mère qui peut-être ne seront pas fâchés de ce mariage improvisé. Laissez-moi donc faire, marquise, et vous verrez si la comédie et les comédiens résiſteront à une scène de ma façon.

Puis, sans s'expliquer davantage, il entrait sur le théâtre par la petite porte, et soudain, d'une main ferme, il tirait le rideau... Confusion des confusions ! Chacun fut surpris au théâtre, au parterre, et déjà les rires allaient commencer, quand la présence d'esprit de Lisette et le sang-froid de Benjamin leur vinrent en aide un inſtant... L'inſtant d'après, tout fut perdu.

La toile à peine levée, la comédienne impassible reprit son rôle :

Ce bruit me fatiguait ! — N'est-ce pas, cher seigneur,
Que toute cette joie étourdit le bonheur ?

Et doucement averti par la pression de cette main charmante, et comprenant le danger qu'il venait de courir, il reprit :

Tu dis vrai. Le bonheur, amie, est chose grave :
Il veut des cœurs de bronze et lentement s'y grave.
Le plaisir l'effarouche en lui jetant des fleurs ;
Son sourire eſt moins près du rire que des pleurs !

Voilà comment fut déjoué le complot du comte et de la marquise. Aux premières paroles des deux amoureux, le parterre, qui devait rire, écouta de plus belle, et le drame continua jusqu'au moment funefte où les deux amants sont surpris par le mari que la jeune fille épousait forcément, à la dernière scène du troisième acte. Alors, ô vengeance! ô malheur! le jeune amoureux, défié par son rival, lui présentait deux épées, et le duel commençait, implacable. Il était tout noùveau, ce duel introduit dans le drame; en même temps, il était si logique et commandé par la situation, que jamais intérêt plus réel ne se fit sentir au milieu d'un plus profond silence. On n'a pas oublié, nous l'espérons du moins, que le jeune officier, baron de Terre-Noire, représentait juftement le rival abhorré de dona Inès.

> .....Mais sa taille, son air...
> C'eft don Francasio, général de la mer.

Certes, le jeune officier était superbe et charmant sous les armes; plus d'une fois il avait manqué de mémoire, mais il se promet-

tait d'enlever tous les suffrages à la dernière
scène, et ce combat singulier était juftement
ce qu'il savait le mieux. Les deux jeunes gens
l'avait arrangé à l'avance, et dans toutes les
règles de l'art, sous les yeux mêmes du maître
d'armes de messieurs les lanciers. Il était
donc convenu qu'après trois ou quatre passes,
le jeune officier porterait à son rival, en pleine
poitrine, un coup de seconde, un coup mortel,
de façon cependant à lui permettre un suprême
adieu à sa jeune maîtresse. Oui; mais sitôt
que le jeune poëte sentit dans sa main tremblante la fatale épée, il se souvint alors que
ce matin encore il voulait mourir. Ce n'était
donc pas un fleuret, mais une épée, qu'il avait
mise entre les mains de son rival : s'il eft
touché, c'eft la mort. Comment faire et que
devenir? S'enfuir devant cet homme armé?
C'était renoncer à son drame, à son œuvre,
et s'exposer aux huées de ce public enthou-
siafte et pleurant.

— Non, se dit-il, je ne fuirai pas, mais je
me défendrai, je désarmerai mon rival, et d'un
mot, je changerai le dénoûment.

Alors le voilà qui se défend comme on fe-

10

rait dans un vrai duel : on l'attaque, il résiste,
Cependant, le jeune baron à qui le jeu plai-
sait, battait le fer comme un maître :

— Il ne veut donc pas tomber, disait-il, il
a donc oublié que c'est moi qui suis l'insulté,
qu'il a séduit mon épouse, et qu'il doit porter
le châtiment de ses adultères ? Ou bien, c'est
cela, monsieur ne veut pas tomber sous les
yeux de madame la marquise, il veut, maintenant, que ce soit moi qui tombe aux yeux
de tout le régiment. Oh ! que non pas ! voici
déjà mes camarades qui commencent à rire,
et qui trouvent que je tarde un peu trop à
châtier ce mécréant.

Puis, d'un contre de quarte dégagé, il
désarme et frappe au cœur le petit Benjamin.

Celui-ci tombe et pousse un cri déchirant...
jamais on n'entendit son pareil, même aux
plus beaux jours du célèbre comédien Bo-
cage et de Frédérick Lemaître. Étonné lui-
même à l'aspect de ce visage pâle, et du sang
qui commençait à rougir la dentelle du pour-
point, le jeune baron interroge le bout de
l'épée ; ô malheur ! ce fleuret était une arme

mortelle, la pointe était aiguisée, et la fiction devenait une exécrable réalité.

L'infortuné jeune homme, à demi suffoqué par le sang, se traînait aux pieds de sa maîtresse éperdue. Hélas! la malheureuse! elle était tout entière à son rôle, et cependant elle contemplait ce grand artiste en se disant qu'il poussait trop loin l'expression dramatique, la vraisemblance, la pitié, la terreur! En ce moment d'une transe infinie, ineffable, les spectateurs, frémissant d'une indicible épouvante, applaudissaient de toutes leurs forces, pendant que le père et la mère de Benjamin se regardaient, sans mot dire, également prêts à l'admiration la plus vive, à la douleur la plus terrible. Ainsi se mourait le jeune poëte au milieu de l'admiration générale! Il était seul encore dans le secret de cette agonie! Il cherchait en vain à rappeler ses esprits, à consoler sa chère Lisette, à lui expliquer par quelle négligence il mourait de la main très-innocente de son plus ancien condisciple... Oh! mon Dieu, la parole était impuissante! Enfin, il s'affaissa sur lui-même. Alors Lisette, au désespoir, prenant dans ses mains cette tête expirante :

— Ah! malheureux! qu'as-tu fait? Qu'as-tu fait? disait-elle. A l'aide! au secours! par grâce et pitié, citoyens, secourez le gardien de la cité. Baise-moi, mon enfant! regarde-moi! réponds-moi! Elle pleurait! se lamentait! et de sa main tremblante, elle arrachait ses beaux cheveux!

On ne vit jamais, sur le théâtre athénien, lorsqu'Œdipe ensanglanté renonce à la douce lumière du jour, un spectacle à ce point rempli de curiosité, d'intérêt, de pitié, de terreur.

Elle-même, la marquise en larmes, jeta son bouquet à ces deux malheureux, croyant faire une admirable action.

XI

Je vous laisse à penser la douleur universelle, aussitôt que ces braves gens, réunis dans
la même admiration, comprirent à quel point
de vérité cruelle, impitoyable, était poussée
la vérité dramatique. Les uns pleuraient tout
bas, les autres se plaignaient tout haut de
cette horrible aventure. Il fallut retenir le
jeune baron de Terre-Noire, qui voulait se
percer de son épée. Hélas ! le poëte vivait encore ; on l'étendit sur un brancard de l'Hôtel-
Dieu et il fut rapporté dans la maison de son
père : Lisette, en grand habit, traversant la
foule et la priant de laisser un peu d'espace
et d'air au jeune homme expirant.

10.

Lorsqu'enfin on l'eut déposé sur son lit, le chirurgien fit son office. Il declara qu'il y avait peut-être un peu d'espoir. Sur quoi, chacun rentra chez soi, priant Dieu, et se reprochant comme un crime d'avoir assiflé à cette œuvre du démon.

La nuit fut assez calme; au point du jour, on leva le premier appareil, et le malade reconnut, par un soupir, son père et sa mère, et Lisette. Il alla de mieux en mieux pendant quatre ou cinq jours; mais le cinquième jour arriva, par le *Moniteur*, une ordonnance du roi qui transportait à trente lieues de la cité, dans une ville abondante en richesses, en peuples, en travail, la préfecture et la cour d'appel. Grande rumeur dans la ville. On voulut, mais en vain, éloigner de Benjamin l'ordonnance qui frappait sa ville natale.

— Ah! dit-il, la prédiction s'accomplit. La ville eft perdue et je vais mourir!

Les hommes de l'art qui vinrent le visiter le même soir s'étonnèrent que le mal eût déjà fait tant de progrès. Le lendemain, cependant, la fièvre était moindre et la ville en fut un peu rassurée.

— On le sauvera, disait l'évêque.

Hélas! le soir même, une autre ordonnance du roi déclarait que tous les livres de la Bibliothèque, injuftement retenus dans une ville qui n'était même plus un chef-lieu, seraient rendus aux communautés qui les avaient possédés. Cette fois encore, avec toutes les précautions imaginables, on tenta d'amortir le bruit de cette fatale ordonnance; au milieu de son dernier sommeil, on ne sait par quelle divination, le jeune homme entendit l'arrêt qui le séparait de ces beaux livres qu'il avait tant aimés.

— Les voilà perdus, perdus; je ne les verrai plus ! je ne les verrai plus !

En ce moment commença la lente agonie. Il appelait à son secours tous les êtres chéris... Puis, de ses amis, il allait à ses livres, il les revoyait, il les racontait. Un inftant même, il se rappela le *Romman de la rose*, il disait que tous ses maux étaient sortis de ce vieux livre, il pleurait... il mourut dans un sanglot, sur le cœur de Lisette.

Quand il fut mort, la trifte cité qui lui avait donné le jour perdit toute espérance. Elle ne

savait déjà plus le nombre des pertes qu'elle
avait faites : elle perdait ses magiſtrats, ses
professeurs, son évêché, sa bibliothèque et sa
préfecture, et, tout au loin, son fleuve était
emporté vers d'autres rivages. Toutes ces
douleurs se confondaient dans la commune
douleur pour le petit Benjamin.

Le jour même de ses obsèques, à l'inſtant
où Circé abandonnait, pour n'y plus revenir,
ce vieux palais dans lequel elle avait apporté
tant de ravages, sa berline à quatre chevaux
rencontra le frêle cercueil sous les fleurs
qui le couvraient. L'évêque avait voulu con-
duire ces funérailles, et que le petit Benjamin
s'en allât doucement à son dernier asile, pré-
cédé de la croix que lui-même il avait portée
au-devant du vénérable pontife.

A la suite du cercueil venaient Lisette et
la grande Fanchon, en robe de deuil. Les deux
Terre-Noire père et fils, le comte et le baron
portaient les deux bouts du drap mortuaire;
venaient ensuite le vénérable dom Martinus,
le premier maître de Benjamin, et le *vieux
brigand de la Loire* que le pauvre enfant
avait sauvé et qui pleurait comme un enfant.

En vain la marquise eût voulu échapper à ce douloureux spectacle, elle n'en perdit pas un détail. Elle entendit les prières, elle vit couler les larmes; elle assista, tremblante, à la douloureuse émotion de toute une cité qui perdait sa fortune et sa gloire en un jour.

Sur le tombeau du jeune Benjamin, une main pieuse avait écrit : « Ci-gît la ville et l'enfant... Pleurez sur elle! Priez pour lui! »

Fin

Paris. — Imp. Poupart-Davyl, rue du Bac, 3o.

.

www.ingramcontent.com/pod-product-compliance
Lightning Source LLC
Chambersburg PA
CBHW070352090426
42733CB00009B/1392